Zu diesem Buch

Die Rezepte sind so lecker, daß nicht nur die Hebamme an manchen Wochenbettbesuch und die anschließende Einladung gern zurückdenkt. Viele Familien sind auf den Geschmack gekommen und essen auch nach dem Abstillen des Babys die köstlichen Salate, raffinierten Gratins, überraschenden Desserts... Gesunder Gaumenkitzel: Diese Mischung bewährt sich zum Trösten und Aufbauen während der Stillzeit und auch danach.
Die beiden Autorinnen wissen aus ihrer jahrelangen Praxis, wovon sie schreiben und welches die richtigen Tips sind, weil sie sich bewährt haben. Damit fühlt sich das Baby wohl, und die Eltern finden auch noch Zeit für eine ordentliche Mahlzeit.
Mit mehr als 75 Rezepten, nach Jahreszeiten geordnet.

Bettina Salis, Jg. 1957, ist seit über zehn Jahren niedergelassene Hebamme und seit der Gründung an Aufbau und Organisation des Geburtshaus Hamburg e. V. beteiligt; dort ist sie seit 1993 – neben ihrer Hebammentätigkeit – für die Öffentlichkeitsarbeit zuständig. Ihr Sohn ist 16 Jahre alt.

Claudia Muir, Jg. 1962, Ausbildung zur Hotelkauffrau, langjährige Berufserfahrung in der Gastronomie, überwiegend als Köchin. Studium der Ökotrophologie an der FH Hamburg; freie Mitarbeit bei einigen renommierten Frauenzeitschriften.

Anregungen und Kritik bitte an folgende Adresse: Büro für wissenschaftliche Publizistik Dr. Horst Speichert, Teutonenstr. 32b, 65187 Wiesbaden. Hier erhalten Sie auch gegen Voreinsendung eines frankierten DIN-C6-Umschlags einen Prospekt der Reihe «Mit Kindern leben».

Bettina Salis / Claudia Muir

Was stillende Mütter essen sollen

Die richtige Ernährung für Mutter und Kind

rororo

Rowohlt

rororo Mit Kindern leben
Herausgegeben von Bernhard Schön und Horst Speichert

Redaktion: Bernhard Schön
Illustrationen: Jörg Asselborn, Wiesbaden

«Anfang und Wurzel alles Guten
ist die Freude des Magens;
selbst Weisheit und alles, was
noch über sie hinausgeht, steht
in Beziehung zu ihr.»
Epikur

Originalausgabe
Veröffentlicht im Rowohlt Taschenbuch Verlag GmbH,
Reinbek bei Hamburg, September 1997

Umschlaggestaltung Peter Wippermann / Jürgen Kaffer, Büro Hamburg
(Foto: Tony Stone worldwide, Tif Hunter)

Satz Bembo und Syntax Postscript, QuarkXPress 3.32
Gesamtherstellung Clausen & Bosse, Leck
Printed in Germany
1490-ISBN 3 499 60321 7

Inhalt

Einführung

Bei uns in der Familie war mein Vater der Koch. Er zauberte und kreierte, daß es eine wahre Wonne war. Ich hingegen galt als krüsch (norddeutsch für: wählerisch im Essen) und hatte wenig Sinn für die kulinarischen Künste meines Vaters, wobei selbst ich vom optischen Reiz seiner kalten Platten beeindruckt war.

Er hätte sich bestimmt sehr gewundert, daß seine Tochter an einem Buch über Ernährung schreibt.

Noch als Junggesellin bestand mein Speiseplan aus Nudeln mit Spiegelei, Kartoffeln mit Quark sowie Reispfanne mit Mais und Champignons aus der Dose.

Tatsächlich war es die Arbeit als freiberufliche Hebamme, die mein Verständnis vom Essen grundlegend veränderte und meine Neugier weckte.

Durch die Besuche bei den Familien zu Hause bekam ich einen Einblick in die verschiedenartigen Küchen- und Kochgewohnheiten.

Ich lernte Teile der biologisch-dynamischen, indischen, vegetarischen oder makrobiotischen Küche kennen.

Als Hausgeburten- und Wochenbetthebamme kam ich in den Genuß, gelegentlich an den Mahlzeiten in einer der Familien teilnehmen zu dürfen. In einigen Fällen ist sogar extra etwas für mich zubereitet worden. Meine Erziehung verbot mir das Naserümpfen, mit dem ich zu Hause auf ausgefallenes Essen reagiert hätte. So wurden mir kulinarische Türen geöffnet, durch die ich sonst wohl nie getreten wäre.

Sicherlich gab es auch einiges Befremdliches dabei. So kann ich bis heute Algen nichts abgewinnen, und auch die exotischen Getränke, die mir eine aus Kairo stammende und eigens angereiste Oma bei jedem Hausbesuch kredenzte, fanden nie so richtig meine Begeisterung. Entdeckt habe ich dagegen den Kürbis und vor allem die rote

Bete, ein verschmähtes und – sauer eingelegt – mißverstandenes Gemüse.

Ich erlebe immer wieder, daß das Thema Ernährung einen großen Raum während meiner Wochenbettbesuche einnimmt. Die Frauen sind verunsichert durch die unterschiedlichsten Informationen. Nicht nur durch sich widersprechende Meinungen unter den Fachkräften werden sie verwirrt, auch durch die beste Freundin, die gerade letztes Jahr gestillt hat, oder die eine oder andere Oma – von allen Seiten hagelt es gute Ratschläge.

Einen großen Teil meiner Wochenbettbesuche verbringe ich mit Gesprächen über Ernährung, die Veränderungen und Anpassungsprozesse beim Baby und bei der Mutter, die auch auf die Verdauung Einfluß haben.

Ich habe viel erfahren, mich aber nicht so weit entwickelt, daß ich jetzt Kochbücher schreiben könnte. So haben wir uns zusammengetan: Claudia Muir mit ihrer langjährigen Erfahrung als Köchin und ich mit meinem Wissen als Hebamme und meiner Erfahrung in der Wochenbettbetreuung.

«Nichts mehr essen, was lecker ist...»

Vorurteile über die Stillzeit

Ich sitze in einem Café und werde zufällig Zeugin eines Gesprächs zwischen zwei Freundinnen, die eine wohl etwa sieben Wochen vor der Geburt, die andere kinderlos.

Freundin: «Hast du mal wieder was von Monika gehört?»

Schwangere: «Ich habe sie kürzlich angerufen, aber sie hat ja nie Zeit.»

Freundin: «Ja, sie ist richtig von der Bildfläche verschwunden.»

Schwangere: «Bettina und Alex wollten sich mal mit ihr treffen, aber sie geht ja nicht mehr aus dem Haus.»

Freundin: «Du bist da sicherlich anders, wenn dein Baby da ist.»

Schwangere, etwas unsicher: «Ich denke auch, daß ich nicht so drauf bin: nur noch Baby und so. Bettina und Alex haben erzählt, daß sie den Kuchen mitbringen mußten und ihren Kaffee selber kochen sollten. Na, also unmöglich!»

Freundin: «Ich kann zwar nichts sagen, weil ich keine Kinder habe, aber das geht nun wirklich zu weit. Bei dir kann ich mir das gar nicht vorstellen.»

Schwangere, wieder etwas unsicher: «Na, ich will mal hoffen. Ich habe mich mit Monika zum Frühstück verabredet. Sie war sehr nett, wirklich, aber es war kein Gespräch möglich, immer war dieses Kind dazwischen, und sie hat fast nur darüber gesprochen.»

Freundin, ungläubig, halb fragend: «Nein?!»

Schwangere: «Aber die haben es auch schwer. Der Kleine hat ja solche Koliken. Jetzt darf sie fast nichts mehr essen.»

Freundin: «Wieso denn das?»

Schwangere: «Na, wegen der Blähungen. Nichts, was bläht, da bleibt nichts mehr übrig. Ich bin schon ganz frustriert, wenn ich mir vorstelle, daß ich nach der Geburt nichts mehr essen darf, was lecker ist.»

Freundin: «Ach herrje, das ist ja furchtbar.»

Schwangere: «Ach ja, na ja, vielleicht wird es ja auch nicht so schlimm. Man sagt ja, Jungen haben das häufiger. Ich glaube sowieso, daß ich ein Mädchen bekomme.»

Das Gespräch der beiden Frauen wendet sich nun anderen Themen zu.

In der Unterhaltung der beiden Frauen über Schwangerschaft und Essen tauchen drei weitverbreitete Vorurteile auf:

1. Babys, die schreien, haben Blähungen.
2. Jungen schreien mehr als Mädchen oder: Jungen haben häufiger Blähungen als Mädchen.
3. Alles, was lecker ist, bläht.

Was ist dran an diesen Vorstellungen?

Zu 1:

Babys müssen sich nach der Geburt an das Leben außerhalb der geschützten Gebärmutter gewöhnen. Und der Darm lernt erst, zu arbeiten und sich anzupassen. Neben Muttermilch verdaut er allerhand verschiedene Eindrücke. Fällt es dem Baby schwer, diese vielen Eindrücke und die Muttermilch zu verdauen, hat es die Möglichkeit, sich zu äußern, indem es schreit. Unmutsäußerungen gehen häufig mit Verspannungen im Bauch einher, müssen aber nicht immer Blähungen sein (siehe S. 49).

Zu 2:

Mir sind keine Studien bekannt, die das häufigere Vorkommen bei Jungen bestätigen. Auch entsprechen sie nicht meinen Erfahrungen.

Zu 3:

Stimmt nicht. In diesem Buch sind reichlich nicht blähende Rezepte, allesamt sehr lecker.

Alles neu, alles normal, aber viel los...

Veränderungen nach der Geburt

Was die junge Mutter alles verdauen muß

Und plötzlich ist es da – geplant, gewünscht oder als Überraschung, jedoch während der letzten Wochen bei den meisten: ersehnt! Unabhängig davon, welche Gefühle sich während der Schwangerschaft gemeldet haben, jetzt gibt es nur noch einen Wunsch, das Baby zu beschützen, gut zu versorgen und alles richtig zu machen. Regine Schneider beschreibt in ihrem Buch die Gefühle, die sie unmittelbar nach der Geburt erlebt hat: «Ich bekomme plötzlich eine Ahnung davon, was es bedeuten könnte, für so ein kleines Wesen verantwortlich zu sein. (...) Etwas, das mich ahnen läßt, daß sich mein Leben grundlegend verändern wird.» (Schneider 1995)

Leider fehlen in unserer Kultur die selbstverständlichen Vorbilder der Großfamilie. So haben viele junge Eltern bis zum Zeitpunkt der Geburt noch nie ein Neugeborenes gesehen, manchmal sogar nicht einmal einen kleinen Säugling. Und plötzlich sind sie zu dritt.

«Was soll ich jetzt machen?» ist eine weitverbreitete Frage, wenn die Familien plötzlich alleine zu Hause sind. Woher sollen sie auch wissen, was richtig und was falsch ist? «Warum weint mein Baby?» «Ist es zu warm angezogen? – Oder zu kalt?» «Hat es Hunger oder die Hosen voll?» «Warum sieht es bei uns nicht so aus wie auf den Titelseiten der Zeitungen und Bücher – glücklich und entspannt?»

Die Verunsicherung ist groß. Bei aller Vorbereitung läßt sich vorher nie sagen, wie es nach der Geburt sein wird.

Plötzlich finden sich die Familien wieder in einem Strudel von Wickeln, Stillen, Einkaufen, Wäsche waschen, Kochen, Besuch empfangen, frohe Botschaften trommeln und immer wieder das Kind bestaunen: sich freuen, wundern, tausend Fragen haben, entdecken, erleben und genießen... und – schwups – sind die Tage vergangen, ohne daß die fälligen Behördengänge erledigt, die Geburtsanzeigen geschrieben und verschickt oder gar die Dankesschreiben für die netten Geschenke auf den Weg gebracht wären. Die Tage vergehen damit, den neuen Anforderungen gerecht zu werden und – manchmal ungewollt, meist allerdings aus Lust – sein Kind kennenzulernen. Das dauert seine Zeit und verlangt große Aufmerksamkeit.

Zu einer glücklichen und harmonischen Familie müssen alle erst zusammenwachsen. Viele Tage und Wochen vergehen, bis sich die jungen Eltern all ihre Fragen beantworten können, ihr Baby verstehen und sich sicherer fühlen. Es ist wie frisch verliebt sein: spannend, neu, unheimlich und wahnsinnig schön. Die Unsicherheit gehört genauso dazu wie die schlaflosen Nächte. Nur ist alles vielleicht noch ein bißchen schöner und ein bißchen anstrengender und ein bißchen unwirklicher. Wenn da nicht ständig im Hintergrund die Frage nach der Verantwortung wäre. Die bringt die Verunsicherung mit sich, schlägt aufs Gemüt und auf den Magen.

Lisa und Robert sind völlig durcheinander:

Der Kinderarzt war da und hat gesagt, ab dem zehnten Tag sollten sie ihrer Tochter Vitamin D und Fluor geben, täglich eine Tablette.

Vom Heilpraktiker hören sie: «Im Winter jeden Tag eine halbe Tablette Vitamin D, aber kein Fluor.»

Der anthroposophische Kinderarzt von Freunden meint: «Wenn das Kind bei blauem Himmel eine halbe Stunde an der Luft war, dann nichts geben, sonst Vitamin-D-Vorstufen als homöopathische Präparate, damit der Körper sein Vitamin selber bilden kann.»

Die Hebamme empfiehlt: «Im Winter jeden zweiten Tag eine Tablette, aber nur Vitamin D, und im Sommer nichts. Bei Mutterschaftsurlaub im Dezember auf Gomera muß natürlich auch nichts gegeben werden.» Während der Zahnarzt findet: «Unbedingt Fluor als wirksame Kariesprophylaxe.»

Im Geburtsvorbereitungskurs hatte ein anderer Zahnarzt gemeint: «Fluor macht die Knochen porös und lagert sich als Gift im Körper des Kindes ab. Man sollte lieber rechtzeitig mit der Zahnpflege anfangen, dann eine fluorhaltige Zahnpasta nehmen und vor allem auf die Ernährung achten.»

In irgendeinem Buch haben Lisa und Robert gelesen, daß die Kinder nicht mehr zum Zähneputzen zu bewegen sind, weil sie ja schließlich jeden Tag eine Tablette bekommen. Und in einer Broschüre der Gynäkologin wird behauptet, daß Fluor nur dann sinnvoll sei, wenn es konsequent bis zum siebten Lebensjahr gegeben wird.

Schließlich taucht noch die Frage auf, ob sich der Gehalt an Vitamin D und Fluor in der Muttermilch nicht durch Ernährung positiv beeinflussen läßt. Allerdings gilt zumindest für Fluor: In höheren Dosen eingenommen, kann dieses Mineral bei der Mutter toxisch wirken. Der Vitamin-D-Gehalt läßt sich zwar ein wenig steigern, besser allerdings durch Spaziergänge der Mutter in der Sonne als direkt über die Ernährung.

Die Verantwortung für eine Entscheidung tragen ganz allein die Eltern. Keine der oben zitierten Aussagen ist falsch. Ich selbst schließe mich der Meinung der Hebamme und des Zahnarztes aus dem Geburtsvorbereitungskurs an.

Immer gibt es Regeln, die vom Zeitgeist bestimmt sind. Früher waren es die «drei R» (Ruhe, Regelmäßigkeit und Reinlichkeit), später die Vorstellung, Schreien kräftige die Lungen... und dann passiert es, daß einem viele Jahre später erzählt wird: «So war das alles falsch. Nach den neuesten Erkenntnissen... und so weiter und so fort.» Deshalb mein Rat: Vertrauen Sie Ihrer eigenen inneren Stimme, und lassen Sie sich nicht beirren von zu vielen gut gemeinten Ratschlägen.

Dieses großartige Erlebnis, die Begegnung mit dem eigenen Baby, die Glücksgefühle, die Liebe, das Unfaßbare, aber auch die Unsicherheit und die Konfrontation mit der Verantwortung, das müssen Eltern, und vor allem Mütter, aber erst einmal – im wahrsten Sinne des Wortes – verdauen.

Nicht selten erlebe ich, daß junge Mütter nicht nur keine Zeit finden, etwas zu essen, sondern auch keinen rechten Appetit entwickeln. Selbst liebevoll zubereitete Gerichte des Partners oder von Freunden finden keine große Begeisterung. Die Mütter wollen lieber mal ein Babygläschen essen, einen Joghurt oder einen Brei, höchstens mal eine Suppe. Es scheint, als ließe sich das besser verdauen – bloß nichts «Richtiges».

Dagegen ist nichts einzuwenden, *wenn überhaupt genug gegessen wird*. Da es in den ersten Wochen und Monaten nach der Geburt in einigen Haushalten noch etwas unorganisiert zugeht, sollte sich eine stillende Mutter einen ungefähren Plan machen, was sie wann essen will, damit sie sich das besser einrichten und eventuell auch vorbereiten kann und trotz Appetitlosigkeit überhaupt etwas zu sich nimmt. Sie muß auch in sich hineinhorchen, worauf sie Appetit hat.

Die Mutter kann sich in dieser Zeit helfen, indem sie

- morgens ihr Müsli mit ins Bett nimmt;
- sich einen kleinen Vorrat an frischem Obst oder Gemüse bereithält (frische Karotten, Äpfel, Bananen...), den sie während der Stillmahlzeiten verzehrt;
- einen Vorrat anlegt an Joghurts, Quarkgerichten usw. – bei Bedarf auch Babygläschen –, um ohne großen Aufwand etwas essen zu können;
- sich in einer ruhigen Minute am Tag einen «Schnittchenteller» zubereitet und die Happen bei Gelegenheit nascht. Schnittchen werden nicht kalt;
- Nüsse oder Studentenfutter im Hause hat, damit es etwas Nahrhaftes für den kleinen Appetit zwischendurch gibt;
- sich morgens eine große Thermoskanne mit Kräutertee auf Vorrat für den ganzen Tag kocht;

- sich auch gestattet, anstelle einer «richtigen» Mahlzeit nur einen Grießbrei zu essen.

Manche Frauen fühlen sich durch eine derart «leichte» Kost entlastet und können mehr Energie dafür entwickeln, die unbeschreiblichen Ereignisse und Eindrücke, die das Muttersein mit sich bringt, zu verdauen.

Wer Appetit auf eine ordentliche Mahlzeit hat, sollte dann darauf natürlich nicht verzichten.

Veränderungen im Körper

Was nach der Geburt im Körper einer Frau passiert – darüber gibt es viele Ratgeber mit ausführlichen Informationen. Einige empfehlenswerte haben wir im Anhang aufgeführt. Ich gehe im folgenden nur auf solche Fragen ein, die in einem engeren Zusammenhang zu Fragen der Ernährung und Verdauung stehen.

Gymnastik ist besser als Diäten

Für manch eine Frau steht die Rückbildung des Bauches im Vordergrund, der möglichst schnell wieder in Form kommen soll. Obwohl es gelegentlich noch empfohlen wird, ist *dringend von Diäten abzuraten*. Denn:

1. Die durch die Diät freiwerdenden Schadstoffe gehen in die Muttermilch.
2. Der erhöhte Energiebedarf einer stillenden Frau kann während einer Diät unmöglich gedeckt werden.

Auch von gezieltem Bauchmuskeltraining innerhalb der ersten sechs Wochen nach der Geburt ist abzuraten. In dieser Zeit sollten nur – dafür aber reichlich – Beckenbodenübungen gemacht werden, um diesen wieder zu stärken. Die Hebammen in den Kliniken und bei der Wochenbettbetreuung zu Hause zeigen bestimmt gerne ein paar Übungen. Und sie sagen Ihnen auch, wann Sie mit welchen Übungen in der Rückbildungsgymnastik beginnen können.

Sicher ist es wichtig, daß eine Mutter sich auch als Frau wieder schön findet, deswegen sollte sie schonende Gymnastik machen. Für ihr körperliches Wohlbefinden sollte sie auch auf die Signale ihres Körpers achten und zudem respektieren, daß sich durch eine Geburt einiges verändert, was sich weder durch stramme Gymnastik noch durch Diäten beseitigen läßt.

Dammnaht und Verdauung

Leider haben nach wie vor weit über 50 Prozent aller Frauen eine Dammnaht in Folge eines Dammschnittes oder -risses. Eine wichtige Therapie hierbei ist: Geduld, Geduld, Geduld.

Sicherlich ist der Heilungsprozeß lästig, aber er sorgt dafür, daß manch eine Frau sich noch ein paar Tage Ruhe im Bett gönnt – die sie auch dringend nötig hat – und nicht gleich wieder alle möglichen Besorgungen und die ganze Hausarbeit macht. Übrigens: Auf dem weitverbreiteten Schwimm- oder Sitzring sitzt es sich zwar in den ersten Tagen einigermaßen entspannt; durch diese Sitzhaltung wird die Naht jedoch unnötig belastet.

Essen im Bett, Bauchlage, sooft es geht, und viel, viel Luft eignen sich in den ersten Tagen wunderbar, um bald wieder «sitzfähig» zu sein.

Die Angst davor, die Naht könne wieder aufgehen oder oft einfach nur die Angst vor den möglichen Schmerzen an der Dammnaht, erschwert vielen Frauen den ersten Gang zur Toilette. Manche drücken sich ein paar Tage lang davor. Dann kommt noch die Angst vor einer möglichen Verstopfung dazu.

Natürlich ist der erste Gang zur Toilette oft unangenehm, das größte Problem ist aber der Kopf, mit dem sich Frauen oft selber im Wege stehen.

Kleine Tricks für den akuten Fall:

- viel Zeit nehmen, das Kind gut versorgt wissen; entspannende Lektüre mit zum Klo nehmen (Comics, Zeitschriften...);
- morgens vor dem Frühstück einen halben Apfel essen und ein Glas Wasser trinken;
- zum Frühstück einen Espresso trinken, der belastet den Kreislauf nicht so wie Filterkaffee und regt die Verdauung gut an;
- Bauchmassage

Kleine Tricks, um der Situation vorzubeugen:

- Bauchmassagen;
- Ernährung, die gewährleistet, daß der Stuhl weich bleibt: Suppen, Müsli, Joghurt mit Leinsamen, viel(!!) trinken, darunter auch Kamillentee, Vollkornbrot;
- Bauchtanz – gerne mit dem Baby zusammen, das hat seinen Spaß daran

Abführmittel sind als Medikament nicht zu empfehlen. Mit viel Zeit und Geduld hat es bislang so gut wie immer nach obigen Methoden geklappt.

Das Stillen

Parallel zu diesem Buch erscheint in der Reihe «Mit Kindern leben» ein umfangreiches Werk von Regina Hilsberg mit dem Titel «Stillen – das Beste für Ihr Baby». Deshalb beschränke ich mich auch hier auf diejenigen Informationen, die im Zusammenhang mit Ernährung und Verdauung wichtig sind.

Es ist mittlerweile allgemein bekannt: Stillen ist das Beste fürs Baby. Trotz Schadstoffbelastung sollte dem Stillen unbedingt der Vorzug gegeben werden. Nicht nur, daß die Muttermilch unnachahmliche Stoffe enthält, die ganz speziell auf die individuellen Bedürfnisse jedes Babys abgestimmt sind, Stillen ist zudem praktisch und billig.

Meldet sich ein Baby, das sonst einen einigermaßen regelmäßigen 3-Stunden-Rhythmus hat, plötzlich häufiger, so ist das kein Grund, beunruhigt zu sein. Es hat vielleicht einfach nur das Bedürfnis nach mehr Milch. Sie können diesen Vorgang unterstützen, indem Sie sich in diesen Tagen besonders viel Ruhe gönnen (und nicht hektisch werden, weil nun alles durcheinandergerät), *reichlich und gut essen und viel trinken.*

Welchen Einfluß hat die Ernährung auf die Muttermilch?

Der mütterliche Organismus ist für die Milchbildung nicht ausschließlich auf die Inhaltsstoffe der momentan zugeführten Nahrung angewiesen, sondern kann auf Nährstoffdepots zurückgreifen. Erst wenn diese aufgebraucht sein sollten, kann es zu Mangelerscheinungen bei der Mutter und zu einem Rückgang der Muttermilchproduktion kommen.

Unbeeinflußt von Ernährungsschwankungen der stillenden Mutter bleiben die Bestandteile an Eiweiß, Kohlenhydraten und Fetten konstant bzw. verändern sich entsprechend dem Alter des Kindes und seinen Bedürfnissen. So ist die Muttermilch in den ersten Tagen nach der Geburt (Kolostrum oder Vormilch) reich an Eiweißen und Mineralstoffen. Die Hälfte des Eiweißes besteht zudem aus Antikörpern. In den darauffolgenden ein bis zwei Wochen setzt sich die Muttermilch aus weniger Eiweiß, dafür mehr Fett und Milchzucker zusammen. Nach zwei bis drei Wochen enthält sie noch mehr Fett und Milchzucker, aber wiederum weniger Eiweiß. Das Fett dieser reifen Frauenmilch besteht zum überwiegenden Teil aus essentiellen Fettsäuren (siehe Seite 62), somit ist die Muttermilch besonders gut verdaulich. Das Eiweiß enthält jetzt noch immer 10 Prozent Immunstoffe.

Vitamine kommen in der Muttermilch vermutlich im gleichen Verhältnis vor wie in der mütterlichen Nahrung. In welchem Umfang Vitamine in die Muttermilch gelangen, ist noch nicht endgültig erforscht. Bekannt hingegen ist, daß es bei besonders vitaminarmer Kost zu Mangelernährungen beim Baby kommen kann.

Die Mutter muß sich gut versorgen

Auch wenn es gelegentlich so aussieht, als funktioniere es «einfach so» – Stillen ist anstrengend! Milch zu produzieren und dem Baby zu geben kostet die Frauen viel Energie. Vermutlich sogar mehr als die ca. 600 kcal., die an zusätzlicher Nahrungsaufnahme empfohlen werden. Während der Stillzeit werden in der Schwangerschaft gebildete Energiereserven abgebaut. Es gibt immer wieder Frauen, die unglücklich sind, weil sie im Laufe der Schwangerschaft zwanzig Kilo und mehr zugenommen haben. Nach sechs Monaten Stillen wiegen viele von ihnen weniger als vor der Schwangerschaft. Das Baby hingegen könnte es leicht mit Buddha aufnehmen.

Die Muttermilch ist in der Zusammensetzung der Nährstoffe jeden Tag gleich gut. Das heißt: Bevor das Baby einen Mangel aufgrund schlechter Ernährung der Mutter erfährt, werden sich bei ihr Mangelerscheinungen bemerkbar machen. Da Untersuchungen wiederholt belegen, daß es in Westeuropa bei Mischköstlern (Fleisch, Fisch, Gemüse, Obst und Getreide) so gut wie nie zu ernsthaften Vitaminmangelerscheinungen kommt, ist das jedoch eher unwahrscheinlich. Wenn sich eine stillende Frau einmal unüberlegt ernährt hat, muß sie sich also nicht gleich um das Wohl und Wehe ihres Babys ängstigen (das schließt allerdings Tabak- und Alkoholkonsum sowie andere Drogen aus).

Aber gerade um den Bedarf des Babys zu decken *und selbst dabei nicht auf der Strecke zu bleiben*, ist es dringend nötig, auch sich selbst als stillende Mutter gut zu versorgen. Besser noch (das gilt vor allem für die allererste Zeit), sich versorgen zu lassen!

Ein Wort an die Väter. Auch wenn es so scheint, als täte die junge Mutter nichts, als nur auf dem Sofa zu sitzen, das Baby im Arm zu halten und zu stillen... es sieht ja so nett gemütlich und kuschelig aus: Stillen ist anstrengend und zehrt. Der Kalorienverbrauch entspricht dem einer mittelschweren Tätigkeit – zusätzlich zu den schlaflosen Nächten, der Verantwortung für das Baby und der Auseinandersetzung mit der neuen Lebenssituation.

Hier ist es also an der Zeit, die junge Mutter zu verwöhnen, aufmerksam zu sein, ihr etwas abzunehmen und sie mal richtig großartig zu bekochen!

Schadstoffe in der Muttermilch

Stillen trotz belasteter Umwelt?

Nachdem vor wenigen Jahren noch empfohlen wurde, wegen der stark belasteten Muttermilch nicht länger als drei, maximal vier Monate zu stillen, gibt es zunehmend Entwarnungen. Zwar ist der Dioxingehalt in der Muttermilch immer noch um einiges höher, als es die Lebensmittelvorschriften für Kuhmilch zum Beispiel zuließen, aber die Vorteile des Stillens überwiegen nach Ansicht der allermeisten Experten. Keine Nahrung auf der Welt ist mit dem Immunschutz und seiner sonstigen Zusammensetzung so speziell auf die ganz eigenen Bedürfnisse des Babys abgestimmt wie die Muttermilch.

Der jeweilige Schadstoffgehalt in der Muttermilch ist auch abhängig von der Lebenssituation einer Frau (Arbeitsplatz, Kontakt mit Chemikalien [Lacke z. B.]), Lebensumfeld (gibt es Schadstoffausstoß durch Fabriken in der Nachbarschaft?) und vieles mehr.

Ferner weisen Untersuchungen darauf hin, daß der Schadstoffgehalt der Muttermilch bei Vegetarierinnen geringer ist als bei Mischköstlerinnen, da sich besonders in den tierischen Fetten Schadstoffe ansammeln. Pflanzliche Lebensmittel sind also weniger belastet als tierische und von diesen wiederum die fettarmen geringer als die fettreichen. Gemüse und Salat vom Biohändler erreichen natürlich die besten Werte (Adresse s. Anhang).

In den meisten Bundesländern ist es möglich, die Muttermilch untersuchen zu lassen. Häufig sind diese Tests kostenfrei, manchmal muß diese Untersuchung aber auch bezahlt werden. Informationen geben die Gesundheitsämter, Hebammen oder Still- und Laktationsberaterinnen.

Abstillen

Wie lange eine Frau tatsächlich stillt, muß sie im Einklang mit ihrem Kind selbst entscheiden. Sie sollte es auf jeden Fall so lange tun, wie sie sich gut damit fühlt. Viele Frauen stillen zum Beispiel sechs oder neun Monate voll und genießen noch weitere Monate, in denen sie die Brust nur noch abends und morgens oder zu bestimmten Anlässen geben. Karin stillte mehr als drei Jahre. Sie wollte darauf warten, daß ihr Kind sich von alleine abstillt. Das tat es aber nicht. Als Jonas gut drei Jahre alt war, wurde Karin krank und mußte Antibiotika nehmen. Ihr Sohn war alt genug, die Erklärung, daß die Milch wegen der Medikamente nicht mehr gut sei, zu verstehen, und tolerierte so das Ende einer langen Stillbeziehung.

Florian stillte sich von selber ab. Als er neun Monate alt war, begann er auf der Brustwarze seiner Mutter herumzukauen, bis sie kaputt war, dann spuckte er sie regelrecht aus, wenn er etwas anderes zu essen sah. Er wollte schon früh am Essen der anderen teilhaben. Barbara war ein wenig traurig über diese Verweigerung, war es doch immer so kuschelig gewesen, vor allem morgens das erste Stillen im Bett.

Der Wiedereinstieg ins Berufsleben kann ein Termin zum Abstillen sein. Da er lange genug im voraus bekannt ist, können sich Mutter und Kind langsam und schonend auf diesen Zeitpunkt vorbereiten.

Ernährungsbedingtes Abstillen

Es kommt auch vor, daß eine Frau sich zum Abstillen entschließt, weil sie endlich einmal wieder essen und trinken möchte, worauf sie Lust hat, und keine Rücksicht mehr nehmen will.

Monika hatte sich ganz fest vorgenommen, ihr zweites Kind mindestens sechs Wochen zu stillen. Den ersten Sohn stillte sie nach einer Woche Frustration im Krankenhaus ab. Auch beim zweiten Kind lief es schwer an. Die Milch ließ auf sich warten, ihr Sohn trank nur mäßig und ohne viel Lust... Monika rauchte wie ein Schlot und war eine klassische «Kaffeetante»: immer eine volle Tasse neben sich. Sie hatte ein schlechtes Gewissen wegen der Raucherei. In langen Gesprächen überlegten wir, wie sie den Zigarettenkonsum wenigstens drastisch einschränken und welche Alternativen sie sich zum Kaffeetrinken vorstellen könnte. Nach zehn Tagen gab sie ihre Stillbemühungen auf. Zwar kam sie sich immer noch wie eine Versagerin vor, hatte aber für sich das kleinere Übel gewählt. Ihr Sohn entspannte sich und quengelte weniger, nachdem Monika zufriedener und ausgeglichener war. Solche Entscheidungen sind unbedingt zu tolerieren.

Es kommt aber auch vor, daß Frauen aufgrund ihrer Lebens- und Ernährungssituation besonders lange stillen:

Die Buschfrauen in der Kalahari-Wüste, sofern sie noch als Nomadinnen leben, stillen ihre Babys etwa drei Jahre lang. Das hat für sie weniger sentimentale als vielmehr überlebenswichtige Gründe. Die Nahrung, die die Wüste hergibt, ist so schwer verdaulich, daß sie für Babys und Kleinkinder ungenießbar ist. Da während der Stillzeit normalerweise kein Eisprung stattfindet, sind die Mütter während dieser Zeit zudem einigermaßen vor einer weiteren Schwangerschaft geschützt. Das funktioniert leider nicht immer, was im Falle der Buschfrauen verheerende Auswirkungen hat. Zwei Kinder, die jünger als drei Jahre sind, haben kaum eine Überlebenschance.

Es ist also wichtig, den Zeitpunkt des Abstillens im Einvernehmen mit sich und seinem direkten familiären Umfeld zu wählen. Manchmal bedeutet das auch, die unterschiedlichen Interessen gegeneinander abzuwägen und einen Entschluß zu fassen, der für alle tragbar ist.

Der neue Alltag

Keine Zeit fürs Frühstück?

Ich besuche Susanne und Peter. Ein nettes Paar, sie waren bei mir im Geburtsvorbereitungskurs und hatten immer große leuchtende Augen in Erwartung der Geburt und der Zeit mit dem Baby danach. Timo ist heute zehn Tage alt. Es ist bereits 2 Uhr nachmittags, als ich klingele. Susanne strahlt mich glücklich an: «Gut, daß du da bist. Seit 6 Uhr heute früh bin ich mit ihm im Gange. Ich habe noch nichts gefrühstückt und muß dringend unter die Dusche. Nimm ihn doch bitte mal kurz. Ich hüpfe eben unter die Dusche.» Schon habe ich den kleinen Timo auf dem Arm, und Susanne ist im Bad verschwunden.

Ich kann es nicht fassen: Seit acht Stunden auf den Beinen und weder gefrühstückt noch geduscht... Da hätte ich schon längst einen Schwächeanfall bekommen.

Als sie eine Viertelstunde später wieder erscheint, fordere ich sie auf, mit mir in die Küche zu gehen. «Du machst dir jetzt Frühstück, und ich behalte solange deinen Sohn auf dem Arm.» Susanne lächelt mich dankbar an.

«Was hast du den ganzen Vormittag getrieben, daß du nicht einmal Zeit zum Frühstücken hattest? Und wo ist Peter überhaupt?»

«Peter ist seit acht Uhr unterwegs. Er erledigt diverse Behördengänge, Baby anmelden, Kindergeldkasse, Arbeitsamt und so. Er will auch noch ein Tragetuch kaufen.» Anschließend folgt eine lange Beschreibung, wie süß ihr kleiner Timo ist und daß sie ihn erst gestillt und dann gewickelt hat. Anschließend haben sie gemeinsam im Bett gekuschelt, aber jedesmal wenn sie aufstehen wollte, fing er an zu meckern, so daß sie zurückgegangen ist, um ihn zu trösten. Dann hatte er schon wieder Hunger, und alles fing von vorne an. So verging Stunde um Stunde.

«Wie soll das bloß gehen, wenn Peter in ein paar Tagen wieder arbeitet? Wann soll ich dann bloß zum Essen kommen?» Susanne steht etwas ratlos in der Küche herum. «Ich hatte mir das immer anders vorgestellt. Wenn mir während der Schwangerschaft jemand gesagt hat, daß ich erst mal zu nichts mehr komme, dann habe ich nur abgewunken. So schlimm kann es ja nicht sein. Und ehrlich gesagt», Susanne grinst, «als die ersten in meinem Bekanntenkreis für mehr oder weniger lange Zeit von der Bildfläche verschwanden, nachdem sie ein Kind bekommen haben, war ich mir immer sicher, sie machten irgend etwas falsch. Bei mir wird es so etwas nicht geben. Es tut mir nachträglich leid, daß ich das gedacht habe. Jetzt weiß ich, wie alles durcheinandergeraten kann.»

Es ist schwer für Frauen und Familien, das Durcheinander in der ersten Zeit als ganz normal anzusehen. Nicht nur sie selbst haben das Gefühl, schnell wieder am Alltag teilhaben zu müssen. Vom Umfeld wird immer wieder signalisiert, daß es wenig Verständnis für dieses Durcheinander und die ausgeprägte Konzentration auf das Baby hat. Diese neue und überwältigende Lebenssituation führt bei vielen Familien dazu, daß sie sich gar nicht vorstellen können, mehrere Mahlzeiten am Tag zu sich zu nehmen, geschweige denn zuzubereiten. Die Zeit für Kochen und Essen in Ruhe muß häufig erst freigeschaufelt werden.

Neben Unterstützung, die es im Freundes- und Verwandtenkreis gibt, besteht auch die Möglichkeit, offizielle Hilfen in Anspruch zu nehmen (Haushaltshilfen). Zuallererst ist aber natürlich der Partner gefragt, zur Versorgung seiner Familie beizutragen, damit diese – im wahrsten Sinne des Wortes – gedeihen kann; und das nicht nur, indem er das Geld verdient!

Was kann der Vater tun?

Die frischgebackenen Väter kommen unterschiedlich gut mit der neuen Lebenssituation klar. (Um diesen Abschnitt lesbar zu halten, habe ich mich auf Begriffe wie «Vater», «Partner» und «Mann» beschränkt. Angesprochen sein sollen aber auch alle Lebensgefährtinnen, Freundinnen, Partnerinnen und diejenigen Frauen und Männer, die sehr eng teilhaben an dem Familienleben mit dem Baby.)

Für manch einen Mann war der Haushalt immer schon das Revier seiner Frau, und das ändert sich auch durch die Geburt eines Babys nicht. Höchstens, daß er jetzt einkaufen geht. Wenn ich die Frauen frage, warum sie nicht mehr Hilfe von ihrem Mann einfordern, bekomme ich nicht selten zur Antwort: «Das macht doppelt Arbeit. Der kennt sich ja nicht aus, und hinterher finde ich nichts in meiner Küche wieder.» Das ist sicher keine Basis, auf der ein Vater dazu angeregt wird, seiner Frau Arbeit abzunehmen. Sei's drum, ich konnte solche Väter immerhin schon mal überreden, ihre Frau am Wochenende mit einem Frühstück zu verwöhnen. Sie haben es sogar hinterher wieder abgeräumt.

Andere Männer gehen darin auf, ihre Frau endlich mal so richtig «bemuttern» zu können. Sie kochen, putzen, kaufen ein, bereiten das Sitzbad vor, wärmen das Badehandtuch für ihre Liebste an, wickeln das Baby, tragen es nachts durch die Wohnung, trösten und wiegen es und besorgen den Kuchen für den Besuch.

Leider passiert es diesen Männern immer wieder, daß sie nach ein bis zwei Wochen mit Migräne im Bett liegen. Sie machen den klassischen Fehler vieler Hausfrauen und Mütter: Sie passen nicht auf sich auf. Und es fehlt ihnen an direkter Anerkennung für ihre Aufopferung.

Zwischen diesen beiden Extremen gibt es natürlich jede Form der Abstufung.

Frischgebackene Väter wollen immer häufiger von Anfang an ihrer Rolle gerecht werden und nicht erst, «wenn der Bub vier Jahre alt ist und ich mit ihm bolzen kann». Um dies zu ermöglichen, sollten werdende Väter versuchen, Urlaub auf Abruf zu bekommen, so daß sie ab dem Zeitpunkt der Geburt bzw. der Entlassung aus der Klinik zu Hause sein können. Am schönsten ist es, wenn sie sich dann nicht um den Haushalt kümmern müssen – vielleicht findet sich dafür eine «Fee» (eine dezente Hilfe zu Hause, egal ob Frau, Mann, fremd, befreundet, verwandt, jung oder alt) –, sondern einfach nur für ihre Frau und ihr Kind dasein könnten.

Wenn ich so etwas vorschlage, dann reagieren viele Väter fast beleidigt: «Das bißchen Haushalt und Kochen, dafür brauchen wir doch keine Hilfe!» Aber wie bereits beschrieben, verändert sich viel durch die Geburt eines Kindes, und es braucht seine Zeit, das neue Familienmitglied erst einmal richtig kennenzulernen. Schön, wenn alle zusammen diese Zeit genießen können und der Partner nicht ununterbrochen mit Wäsche waschen, Einkaufen, Schnell-nochmal-zur-Apotheke-Flitzen usw. beschäftigt ist.

Er hat jetzt Zeit, seiner Frau nachts das Wickeln abzunehmen oder am Tag das Baby ein, zwei oder drei Stunden zu beschäftigen, damit seine Frau mal ungestört schlafen oder entspannen kann, ohne daß sie bei jedem Muckser des Kleinen gleich wieder hellwach ist. Er kann der «Fee» im Haushalt sagen, wie und wo sie helfen kann, sich um den Besuch kümmern und seine Frau umsorgen: den Busen ausstreichen beim Milcheinschuß, den Bauch massieren (die Hebamme zeigt ihm bestimmt gerne eine Bauchmassage), ihr etwas Leckeres kochen oder einen Teller mit leckeren Schnittchen ans Bett bringen, mit dem Kleinen im Bett kuscheln, während sie duscht oder ein Sitzbad macht. Kurzum, er kann sich ganz und gar seiner Frau und dem Baby widmen. Sie alle drei können sich in Ruhe mit ihrer neuen Situation vertraut machen.

Gibt es keine «Fee», so liegt es am Partner, zumindest in der ersten Zeit den Haushalt zu organisieren. Neben Abwasch und Wäsche waschen ist auch das Kochen wichtig. Er sollte seine Frau so richtig verwöhnen und sie fragen, was sie sich wünscht und worauf sie Appetit hat. Das ist empfehlenswerter, als sie mit einer Leckerei überraschen zu wollen, auf die sie jetzt vielleicht keinen Appetit hat.

Es gibt leider immer noch viele Männer, die sich in der Küche etwas deplaziert fühlen. Keine Angst! Unter den Rezepten im zweiten Teil dieses Buches sind einige dabei, die auch für Anfänger leicht zu kochen und dennoch ausgesprochen lecker sind.

Auch sonst sollte sich der Partner im Haushalt auf das Wesentliche beschränken. Der Besuch kann den Kuchen selber mitbringen und den Kaffee kochen. Das ist nicht zuviel verlangt, auch wenn es von manchen Freunden und Verwandten komisch aufgenommen wird. Wichtig ist es für Sie jetzt nicht, den Freundeskreis bei Laune zu halten, sondern ausgeruht und entspannt für die neue Lebensaufgabe zu sein.

Bei aller Sorge um Frau und Kind gilt für den Vater dasselbe wie für seine Frau: Er muß auf sich selbst aufpassen. «Liebe deinen Nächsten wie dich selbst» ist ein oft falsch verstandenes Bibelzitat. Der zweite Teil dieses Satzes gerät immer wieder in Vergessenheit, ist aber ebenso wichtig wie der erste. Nur wer selbst zufrieden, ausgeruht und mit sich im Einklang ist, kann andere gut versorgen.

Organisation / Hilfen

Die erste Zeit nach der Geburt kann also ganz schön turbulent werden. Um nicht in unnötigen Streß zu geraten und eine gute Versorgung im Wochenbett zu gewährleisten, kann man schon ein paar Dinge in der Schwangerschaft organisieren:

- Sich um eine Hebamme für das Wochenbett kümmern (auch bei einer geplanten stationären Entbindung – das heißt mit einigen Tagen Klinikaufenthalt nach der Geburt).
- Sich bei einem Kinderarzt vorstellen, der die Betreuung des Babys zusagt – und auch zu erreichen ist (wenn zum Beispiel Feiertage in Sicht sind).
- Besonders für Alleinstehende reicht zur Versorgung im Wochenbett – nach einer ambulanten Geburt oder einem verkürzten Kli-

nikaufenthalt – eine Haushaltshilfe nicht aus. Für die ersten drei bis vier Nächte empfiehlt es sich, jemanden auch nachts im Hause zu haben. Ist dies nicht möglich, bleiben Sie lieber ein paar Tage länger im Krankenhaus.

- Beim zweiten oder dritten Kind mindestens eine zeitweise Kinderbetreuung organisieren. Sie muß ja nicht in Anspruch genommen werden, wenn alles entspannt anläuft.
- Sofern ein Tiefkühler im Hause ist, vielleicht ein paar Gerichte vorkochen (für den Notfall, denn frisch gekocht ist eigentlich besser als aufgetaut).
- Einen Vorrat an Getränkekisten kaufen (der Durst ist groß während der Stillzeit!).
- Haltbare Lebensmittel auf Vorrat kaufen.
- Sich um eine Freundin / eine Mutter oder eine andere freundliche Person kümmern, die in der ersten Zeit zu Hause möglichst einmal in der Woche ein gekochtes Essen vorbeibringt.
- Oder eine Haushaltshilfe organisieren (siehe weiter unten).

Sicher fallen Ihnen noch weitere wichtige Punkte ein, die Sie in aller Ruhe vor der Geburt erledigen können.

Bis heute hält sich in den Köpfen vieler Familien der Anspruch, daß sie alles selbst schaffen müssen. Schließlich schaffen andere das auch selbst. Um Hilfe zu bitten oder Hilfe anzunehmen kommt einer Bankrotterklärung gleich. Das ist sehr schade, denn sicherlich ist es alleine zu schaffen, was einem ja auch genügend Familien so vormachen, aber es ist ausgesprochen anstrengend. Warum nicht Hilfe erbitten, damit es besser und einfacher geht und alle zufrieden sind? Früher war es selbstverständlich, daß die Mütter und Schwiegermütter mit Rat und Tat zur Seite standen. Und zum Glück ist das auch heute noch häufig so. Nur, bevor Mutter oder Schwiegermutter gefragt werden, müssen sich die frischgebackenen Eltern ganz genau überlegen, ob das wirklich eine Entlastung bedeutet. Vielleicht war die Beziehung schon vorher etwas angespannt und kann sich in dieser Situation zu einer zusätzlichen Belastung entwickeln.

Die beste Hilfe ist in jedem Fall eine freundliche und zurückhaltende «Fee», die:

- Wäsche wäscht, aufhängt und zusammenlegt und ggf. bügelt;
- einkauft;
- kocht;
- abwäscht;
- wenn viel Zeit zur Verfügung steht, auch noch staubsaugt.

Auf jeden Fall sollte im Falle einer *geplanten ambulanten Geburt*, vor allem, wenn der Urlaub des Partners nicht sicher gewährleistet ist, eine Haushaltshilfe organisiert werden. Aber Achtung: Immer wieder erlebe ich junge Mütter, die sich überhaupt nicht vorstellen können, daß eine fremde Person ihren Haushalt führt – manchmal ist diese fremde Person sogar schon der Partner. Wenn die Frage «Bin ich in der Lage, mich in meinem eigenen Haushalt verwöhnen zu lassen, ertrage ich jemand Fremden in meiner Küche?» mit einem klaren «Nein!» beantwortet wird, ist dringend von einer ambulanten Geburt abzuraten.

Die Haushaltshilfe wird in Deutschland zur Zeit (1997) noch gewährt bis zum 6. Tag nach der Geburt, wenn keine der im Haushalt der Wöchnerin lebende Person die Versorgung übernehmen kann (Abwesenheit durch Beruf, Studium o. ä.). Diese Leistung wird von den gesetzlichen Kassen übernommen. Art und Umfang sind von Versicherer zu Versicherer sehr verschieden. Es empfiehlt sich, bereits in der Schwangerschaft mit den Kassen über diese Dienste zu verhandeln. Hebammen und einige ambulante Pflegedienste beraten gerne über die Möglichkeit einer bezahlten Haushaltshilfe.

Bei einer privaten Versicherung müssen alle Modalitäten für eine ambulante Geburt frühzeitig verhandelt werden, da die o. g. Leistungen nicht zwangsläufig in den Verträgen der privaten Versicherer mit eingeschlossen sind. Am besten lassen Sie sich dann die möglichen Zusagen zur Kostenübernahme für die Hebammenrechnung und die Haushaltshilfe im voraus schriftlich geben.

Sind dann die ersten ein, zwei, drei Wochen verstrichen, kehrt langsam der neue Alltag ein. Vieles geht nicht mehr so einfach nebenbei wie vor der Geburt. Manchmal ist eine neue Planung nötig.

Ich wollte mit einer Freundin ein 16 qm großes Zimmer streichen (nur streichen: vier Wände und die Decke). Unsere Babys waren damals drei und sieben Monate alt. Wir haben geschlagene drei Tage damit zugebracht. Immer wieder mußte eine von uns von der Leiter steigen, Babys trösten, wickeln, füttern (stillen), schaukeln usw.; außerdem wurden wir immer sehr früh müde. Wir haben uns zwar gewundert, daß das so lange dauern kann, aber schließlich hatten wir auch unseren Spaß dabei. Gegessen haben wir in diesen Tagen Pizza, Müsli und belegte Brote, etwas anderes war einfach nicht drin.

Es ist gut zu wissen, daß alles langsamer geht, um sich darauf einstellen zu können.

Ein halbfertiger Abwasch, kalt gewordener Kaffee oder Tee, ein kontinuierlich anwachsender Haufen Bügelwäsche und, und, und, das alles gehört für viele Familien zum Alltag, sobald ein Kind da ist.

Einige Familien lösen diese Situation, indem sie sich eine Putzhilfe nehmen oder endlich einen Geschirrspüler kaufen (der muß allerdings auch aus- und eingeräumt werden). Diese Lösungen passen aber nicht für alle.

Es stellt sich also die Frage: «Was kann ich an wen delegieren, und wo kann ich mir Arbeit sparen?»

- Den großen Wochenendeinkauf kann der Partner übernehmen. Wer diesen Job nicht gerne abgibt, sollte ein bißchen Vertrauen haben – er wird schon das Richtige einkaufen.
- Alleinlebende Frauen sollten den großen Einkauf nur mit Kinderwagen oder Marktroller machen (heutzutage kann sich eine junge Frau damit auch wieder blicken lassen; das Image hat sich deutlich verbessert. Und der Beckenboden hat die Schonung wirklich verdient).
- Schwere Getränkekisten soll der Partner schleppen, oder man läßt sie sich bringen. Wer kein Geld für diesen Extraservice hat, kann sich diesen zur Geburt von irgendeinem Angehörigen

wünschen. Das ist manchmal sinnvoller als noch ein Strampler, wovon doch die ganze Kommode schon voll ist.

- Babywindeln können, aber müssen nicht gebügelt werden. Die Hygiene spricht nicht dagegen.
- Hausarbeit, also auch das Kochen, muß nicht gemacht werden, wenn das Baby schläft. Vieles läßt sich mit dem Baby gemeinsam erledigen. Es kann im Tragetuch getragen werden, auf einer Decke in der Nähe seiner Mutter liegen oder im Stubenwagen mit zum jeweiligen Ort des Geschehens genommen werden (Kinderwagenoberteil geht auch; wegen der meist qualitativ nicht so guten Matratze ist er aber nur für wenige Stunden am Tag zu empfehlen).
- Es empfiehlt sich, die anfallende Arbeit in kleinen Häppchen über den Tag zu verteilen. Lieber mal einen kleinen Abwasch machen, als ihn zu einem Berg anwachsen zu lassen.
- Mahlzeiten planen und rechtzeitig vorbereiten, beispielsweise am Vormittag schon mal das Gemüse für die Suppe am Abend schnippeln. Die meisten Babys sind zu dieser Zeit ruhiger und weniger fordernd.
- Nur so viele Verabredungen treffen und Termine machen, wie sich gut in den Tag einplanen lassen.
- Den Tag im Einklang mit dem Rhythmus des Babys gestalten. Nicht krampfhaft versuchen, das Baby an den eigenen anzupassen. Das kostet viel Kraft und hat nicht selten den gegenteiligen Effekt. Zumindest kleine Babys werden dadurch eher unruhig und schlafen weniger. Bei größeren Kindern kann man vielleicht zarte Versuche starten. In der Regel pendelt sich das innerhalb des ersten halben Lebensjahres von alleine ein.

Jeder Haushalt hat seine speziellen Eigenheiten. Die obige Aufzählung kann nur Anregungen geben, Ideen zur Arbeitserleichterung für den eigenen Haushalt zu finden. Und denken Sie immer daran: Besser eine ausgeglichene und zufriedene Mutter, dafür aber ungemachte Betten zu Hause, als eine gehetzte Hausfrau.

Was soll, was kann und was darf eine stillende Mutter essen?

Erika, selbst Mutter, wundert sich, als ich ihr erzähle, daß ich an einem Buch über die Ernährung in der Stillzeit schreibe. «Ein Buch über die Ernährung? Ich hatte nie Probleme mit dem Essen während des Stillens», sagt sie. Und Erika hat zwei Jahre lang ohne Probleme gestillt. Sie hat sich nie Gedanken über die Ernährung gemacht. Ihre Tochter Berit ist zweifelsohne gut gediehen.

Leider funktioniert das nicht immer so selbstverständlich und problemlos.

Viel Zeit verbringe ich damit, den Frauen und Familien Tips zum Essen zu geben und ihnen Mut zu machen, überhaupt etwas zu essen. Die Verunsicherung ist oft riesengroß. Und es gibt die vielfältigsten Ratschläge, die sich manchmal sogar widersprechen.

Befrage ich meine Kolleginnen zu diesem Thema, bekomme ich die verschiedensten Antworten. Auch Frauenärzte und -ärztinnen, Kinderärzte und -ärztinnen oder Kinderkrankenschwestern in den Kliniken haben keine einheitliche Meinung. Die Empfehlungen der Ernährungsverbände sind wiederum anders, und die Stillorganisationen und -gruppen haben noch einen anderen Standpunkt.

Energie-, Vitamin- und

(Diese Empfehlungen berücksichtigen

Vitamin / Mineral	Basisbedarf / tgl.	täglicher Bedarf einer stillenden Frau
Fett (Prozentanteil in der Nahrung)	30–35 Prozent	35–40 Prozent
Kohlenhydrate (Prozentanteil in der Nahrung)	56–61 Prozent	51–56 Prozent
Eiweiß	60 g	75 g
Vitamin A	1 mg	2,3 mg
Vitamin D	5 µg	10 µg
Vitamin K	60 µg	65 µg
Vitamin B_2	1,9 mg	2,9 mg
Vitamin B_6	2 mg	2,8 mg
Vitamin B_{12}	3,4 µg	4,5 µg
Vitamin C	107 mg	172 mg
Folsäure Folat	300 µg	450 µg
Calcium	1000 mg	1300 mg
Eisen	15 mg	20 mg
Jod	200 µg	260 µg

den Wertverlust durch die Zubereitung.)

ist enthalten in
ungesättigten Fettsäuren: Olivenöl. Essentielle Fettsäuren: Pflanzen-, Keim- und Nußölen (Distel-, Sonnenblumen- und Maiskeimöl) sowie in Seefisch, Avocados und Nüssen
Getreide und Getreideprodukten, Kartoffeln, Reis, Obst und Gemüse
Fleisch, Fisch, Tofu, Sojaprodukten, Milch und Milchprodukten
Möhren, Spinat, Grünkohl
Thunfisch, Eigelb, Hering, Pilzen
Spinat!, Fenchel, Möhren, Champignons, Nüssen, Milch- und Milchprodukten
Milch und Milchprodukten, Nährhefe, Vollkornprodukten
Fisch, Feldsalat, Kartoffeln, Bananen, Sojabohnen, Gemüse, Vollkorn
Fisch, Ei, Milch und Käse
frischem Obst und Gemüse
Spinat, Spargel, Gurken, Tomaten, rote Bete, Sojabohnen, Vollkornbrot, Weizenkeimen, Pastinaken, getrockneter Bierhefe
Milch und Milchprodukten (insbesondere Käse), Fenchel, Grünkohl, Spinat, Nüssen, Sonnenblumenkernen, calciumreichem Mineralwasser, Krabben, Forellenfilets, Ei
außer in Fisch und Fleisch in: Hirse, (frischem) Spinat, Blattpetersilie (in großen Mengen kann Petersilie abstillend wirken!), Pfifferlingen, Mohnsamen, Fenchel, Sesamsamen, Rotbäckchensaft, rotem Trauben-Muttersaft;
Seefisch, jodiertem Speisesalz, Brot, Brötchen, soweit mit jodiertem Speisesalz gebacken. (5gr. Jodsalz = 100µg Jod)

Worin sich alle einig sind...

Der Energiebedarf einer stillenden Frau ist um ca. 25–30 Prozent erhöht, das heißt in Zahlen: ca. 600 kcal. zusätzlich pro Tag. Eine stillende Frau sollte also etwa 3000–3400 kcal. täglich zu sich nehmen. Dieses Plus an Energie sollte vornehmlich durch gehalt- und wertvollere Nahrung gedeckt werden. Auch benötigt sie einiges mehr an Mineralien und Vitaminen. In der Tabelle auf S. 38 ist aufgelistet, wie sich der Bedarf verschiebt und über welche Lebensmittel er aufgenommen werden kann. Ausführlicheres darüber s. S. 61 ff.

Ein paar Sätze zum leidigen Thema Fleisch

Auf einer Tagung der Deutschen Gesellschaft für Ernährung, veranstaltet für Kinderkrankenschwestern und Hebammen, gab es eine heftige Kontroverse zum Thema Fleisch. Immer noch wird dringend empfohlen, Fleisch zu essen: nicht so viel, aber regelmäßig kleine Portionen als Beilage. Als dann eine Teilnehmerin fragte: «Bitte schön, welches Fleisch kann ich den Frauen denn noch guten Gewissens empfehlen?», blieb der Referentin auch nur ein resigniertes Schulterzucken. Bei Geflügel sei die Krankheitsgefährdung am geringsten. Davon bekäme man ja «nur» Salmonellen. Ein zynisches Gelächter ging durch den Saal. Während meiner vielen Berufsjahre in der Wochenbettbetreuung habe ich etliche Frauen kennengelernt, die sich fleischlos ernährten. Die meisten von ihnen tranken jedoch Milch und aßen Milchprodukte sowie Eier. Soweit es mir bekannt ist, hatte keine dieser Frauen jemals Mangelerscheinungen, ihre Babys gediehen prächtig.

Bei unseren Rezepten haben wir größtenteils auf Fleisch verzichtet. Es gibt einige Gerichte mit Geflügel und ein paar Fischgerichte. Jeder Frau, jeder Köchin und jedem Koch bleibt selbst überlassen, die einzelnen Speisen nach Wunsch und Gusto mit Fleisch anzureichern. Achten Sie auf jeden Fall beim Kauf von Fleisch besonders gründlich auf Qualität und Herkunft. Sogenanntem Biofleisch sollte unbedingt der Vorzug gegeben werden. Das ist Fleisch von Tieren, die artgerecht gehalten werden, kein manipuliertes Mastfutter bekommen und nicht medikamentös (z. B. mit Antibiotika) prophylaktisch behandelt werden. Ich weiß aus eigener Erfahrung, daß Biofleisch nicht zu jedem Geldbeutel paßt, bin aber dennoch dazu übergegangen, nur noch hochwertiges, dafür aber seltener Fleisch zu kaufen. Der reduzierte Fleischkonsum entlastet unterm Strich das Portemonnaie. Und dieses Fleisch schmeckt einfach viel besser.

Aber, wie gesagt, bei einer ausgewogenen Mischkost ohne Fleisch besteht keine Gefahr der Mangelernährung, weder für die Frau noch für das Baby. Also, warum nicht einfach mal ganz auf Fleisch verzichten?

Fleischlos essen sollte nun nicht dazu führen, den Hunger und Appetit statt dessen mit Kuchen, Puddings und Süßem zu stillen. Sogenannte Puddingvegetarier ernähren sich sehr schnell mangelhaft. Obst, Gemüse, Getreide, Milchprodukte und Eier sollten unbedingt zum Speiseplan dazugehören.

Auch Trinken ist wichtig

Neben dem Essen hat während der Stillzeit auch das Trinken besondere Bedeutung. Empfohlen werden zwischen zwei bis drei Liter pro Tag. Flüssigkeit, die mit der Nahrung (Obst, Gemüse, Suppen) aufgenommen wird, ist inbegriffen. Der einen Frau fällt das leicht, der anderen so schwer, daß sie sich regelrecht quält, derart viel Flüssigkeit zu sich zu nehmen.

Viele Frauen entwickeln direkt während des Stillens großen Durst, so daß sie schon nach wenigen Tagen dafür sorgen, sich etwas zu trinken hinzustellen, bevor sie das Baby anlegen. Denn mit dem

Moment, in dem das Baby anfängt zu saugen, fühlt sich die Kehle plötzlich trocken an. Wer nun keinen unmittelbaren Durst entwickelt und auch sonst nicht gerne trinkt, sollte sich nicht krampfhaft bemühen, unbedingt auf seine zwei Liter zu kommen. Sollte die Muttermilch knapp werden, empfiehlt es sich, die Trinkmengen zu erhöhen. Dies gilt allerdings nur so lange, wie Trinken nicht eine Alternative zum Essen wird. Falls Sie vom Trinken gesättigt sind und keinen Appetit zum Essen mehr haben, sollten Sie weniger trinken.

Wir empfehlen folgende Getränke: Mineralwasser (kohlensäurearmes bzw. stilles Mineralwasser für Frauen, die zu Blähungen neigen), Milch, Buttermilch, Kefir, Malzbier, wenn es nicht in großen Mengen genossen wird (denn es enthält doch, wenn auch geringe Mengen, Alkohol), Milchbildungstee (Rezept S. 174 f.), Kräutertees (außer Salbeitee, er wirkt abstillend) sowie Gemüse- und Obstsäfte.

Diäten? Koffein?
Alkohol? Rauchen?

Diäten

Diäten sind für die gesamte Dauer der Stillzeit tabu. Schadstoffe, die sich im Laufe des Lebens angesammelt haben, lagern sich in den Fettdepots ab. Bei einer Diät werden diese Stoffe zwangsläufig frei, da das Fett bewußt abgebaut wird. Diese freiwerdenden Toxine werden unter anderem auch über die Muttermilch ausgeschieden. Das bedeutet, daß zu der sowieso vorhandenen Belastung der Muttermilch eine weitere hinzukommt.

Abgesehen davon nehmen die allermeisten Frauen ohne aktives Dazutun während der Stillzeit ab. Die von Experten ermittelten 600 kcal., die eine stillende Frau zusätzlich benötigt, decken nicht den Bedarf, der zur Produktion von Muttermilch erforderlich wäre. Man geht davon aus, daß der Energiebedarf der Frau selbst während der Stillzeit sinkt und sie deshalb mehr abzweigen kann für die Muttermilchproduktion.

Eine Diät würde also zusätzlich zur erhöhten Schadstoffbelastung die Produktion der erforderlichen Milchmengen gefährden. Außerdem bestünde die Gefahr einer Mangelernährung für die Mutter.

Wie eingangs erwähnt: Um sich aktiver, wohler und fitter zu fühlen, ist Rückbildungsgymnastik der Diät immer vorzuziehen.

Koffein

Nicht nur Kaffee enthält Koffein, sondern auch schwarzer Tee, Kakao, Cola und Schokolade.

Die noch unreife Leber des Neugeborenen baut Koffein um ein vielfaches langsamer ab als Erwachsene. Das kann dazu führen, daß sich Koffein im Körper des Säuglings ansammelt. Reagiert ein Baby mit Unruhe, Schlaflosigkeit oder Koliken, sollten Sie den Kaffee-, Kakao-, Cola-, Schokoladen- oder Teekonsum einstellen oder zumindest drastisch einschränken.

Alternativen zum Kaffee sind koffeinfreier Kaffee, Getreidekaffee und Kräutertees. Heißhunger auf Süßes kann befriedigt werden mit Nüssen, Rosinen und Obst.

Alkohol

Alkohol wird stillenden Frauen zum Teil regelrecht empfohlen. Es rege die Milchproduktion an und begünstige den Milchflußreflex, so lautet ein verbreitetes Vorurteil.

Tatsächlich ist aber von regelmäßigem Alkoholkonsum dringend abzuraten. Es dauert nämlich seine Zeit, bis Alkohol vom Baby abgebaut wird. Bei 1 Promille im Blut der Mutter hat das Baby einen Alkoholgehalt von 0,4 Promille. Was die Mutter in wenigen Stunden abbaut, bleibt bei einem bis zu drei Monate alten Baby mehrere Tage im Körper. Beobachtungen zeigen, daß Kinder nach Alkoholgenuß ihrer Mütter trinkfaul und appetitlos werden.

Die milchbildende Wirkung des Bieres ist auf den hohen Anteil von Nährhefe und Kohlenhydraten zurückzuführen. Dazu brauchen Sie aber keinen Alkohol zu trinken. Mit Nährhefe (im Reformhaus) lassen sich viele Gerichte anreichern, und Kohlenhydrate sind ein selbstverständlicher Bestandteil einer ausgewogenen und abwechslungsreichen Ernährung.

Ein Glas für die Freude, zum Anstoßen und zum Wohlfühlen ist ganz gelegentlich natürlich erlaubt, sollte dann aber direkt nach dem Stillen getrunken werden. Bis zur nächsten Stillmahlzeit ist schon ein großer Teil des Alkohols wieder abgebaut.

Rauchen

Auch hier gilt: Ihr Kind raucht mit! Daß dem Säugling Rauchen nicht bekommt, ist allgemein bekannt. Bei mehr als fünf Zigaretten pro Tag reagieren Babys mit Unruhe, Erbrechen, Durchfall oder Kreislaufstörungen. Zudem ist der Schadstoffgehalt von Kadmium und Blei bei Raucherinnen erhöht. Bereits das Rauchen während der Schwangerschaft wirkt sich auf das Baby aus: Unreife, Mangelernährung, spätere Übelkeit, Erbrechen und ein erhöhtes Krebsrisiko sind die Folgen. Deswegen ist es ratsam, bei geplanter Schwangerschaft bereits das Rauchen aufzugeben, spätestens jedoch mit Eintreten der Schwangerschaft.

Wem es nun überhaupt nicht gelingen will, von diesem Laster zu lassen, und wer bei Verzicht nervös, übellaunig und reizbar wird, dem rate ich, lieber wenige, halbe, leichte Zigaretten am Tag rauchen, als die Stimmung durch Entzugserscheinungen zu beeinträchtigen.

Es gilt: so wenig wie irgend möglich und so viel wie unbedingt nötig, um nicht an den Folgen eines totalen Entzugs zu leiden. Für das Rauchen wie für den Alkohol gilt: Besser nach dem Stillen als davor.

Lassen Sie sich nicht verwirren!

Gestöbert in der einschlägigen Literatur –

Es gibt die unterschiedlichsten Ratschläge, Tips oder Richtlinien dazu, was eine stillende Frau essen sollte. Wie schon erwähnt, ist sich die Fachwelt untereinander nicht einig, und dann gibt es natürlich auch noch kulturelle Unterschiede.

Einige Hinweise aus Fachbüchern...

Die Autorinnen des «Handbuchs für die stillende Mutter» (La Leche League 1986) haben sich umgehört:

«Fast immer stehen Vorstellungen über die Ernährung unmittelbar nach der Geburt und während der Stillzeit im Vordergrund. In einigen [Ländern] bekommt die junge Mutter ein Nationalgericht serviert. In Italien wird für eine junge Mutter häufig nach einem alten Rezept eine Brotsuppe aus Vollkorn, Milch und Eiern zubereitet.

Häufig werden die Mütter vor bestimmten Speisen gewarnt. Ein kurzer Überblick zeigt uns, daß die Auswahl der Speisen wenig Gemeinsamkeit oder Logik aufweist. In Amerika bekommen stillende Mütter zu hören, daß es ihrem Baby Durchfall verursacht, wenn sie Schokolade essen (...). In Neuseeland wird stillenden Müttern geraten, keinen Kohl und keine Tomatensuppe zu essen. In Italien jedoch können die Mütter mit Tomaten zubereitete Gerichte ohne Bedenken genießen, außerdem wird ihnen wahrscheinlich empfohlen, sehr viel weiße Nahrung wie Teigwaren und Weißwein zu sich zu nehmen. Das beruht auf der Vorstellung, daß Milch, da sie ja weiß ist, am reichlichsten durch Nahrungsmittel gebildet wird, die die gleiche Farbe besitzen.»

Es gibt unzählige solcher Bräuche, Regeln und Rituale. So bekam ich bei einer Familie, die sich konsequent makrobiotisch ernährte, nach der Geburt der Tochter einige sehr schmackhafte, gebackene

Reiskügelchen serviert. Die Zubereitung dieser kleinen Leckerei benötigt enorm viel Energie, da der Reis (es handelt sich um Süßreis) gestampft wird. Diese Energie, so erklärte mir die junge Mutter, werde sozusagen mit in das Gebäck eingearbeitet und komme so der jungen Mutter zugute, die eben geboren hat und stillen möchte. In diesem Fall auch der Hebamme...

In Deutschland wird oft geraten, blähende Stoffe wie Knoblauch, Kohl und Zwiebeln zu meiden. In 15 Jahren Freiberuflichkeit ist mir keine türkische, italienische oder griechische Frau begegnet, die während der Stillzeit auf Knoblauch verzichtet hätte.

In vielen Büchern wird darauf hingewiesen, daß das notwendige Mehr an Kalorien auch durch eine gehaltvolle, ausgewogene Vollwerternährung erreicht werden kann. Dann wieder heißt es, Vollwertprodukte führten zu Blähungen und seien deswegen besser zu meiden. Auch das frische Obst, das den gesteigerten Vitaminbedarf decken soll, so liest man, sollte besser gemieden werden, da es zu Wundsein führe. Andere Bücher wiederum raten stillenden Frauen, sie sollten sich vor allem nach ihrem Appetit richten, dann lägen sie schon richtig. Die meisten Autorinnen schlagen vor, auf Blähendes zu verzichten, da es zu Bauchkrämpfen bei dem Baby führen könne. Anders sieht das die Schweizer Autorin Frieda Dahler: «Man hört oft, daß Nahrungsmittel, die eine stillende Frau gegessen hat, beim gestillten Säugling Bauchweh verursacht haben sollen. Auf vielen Wochenbettabteilungen werden die Mütter darauf aufmerksam gemacht, bestimmte Nahrungsmittel zu meiden (z. B. Kohl und Kohlarten, Zwiebeln, Knoblauch, Lauch, Hülsenfrüchte, Zitrusfrüchte). Untersuchungen konnten jedoch nie beweisen, daß die Nahrungsmittel beim Säugling Blähungen verursachen können.» (Dahler 1995) In einer Broschüre des renommierten AID zu «Ernährung in Schwangerschaft und Stillzeit» steht: «Viele glauben, daß der Verzehr von säurehaltigem Obst (besonders von Zitrusfrüchten) in der Stillzeit bei Säuglingen Wundsein verursachen kann.»

Manche Mütter berichten über eine Besserung der Haut des Säuglings nach dem Weglassen bestimmter Obstsorten. Ein solcher Zusammenhang konnte bisher jedoch in Untersuchungen nicht belegt werden. So ist es sicher nicht sinnvoll, während des Stillens auf Obst generell zu verzichten. (...) Im Zweifelsfall müssen Sie mit den einzelnen Obstsorten experimentieren.» (AID 1994)

In neueren Veröffentlichungen wird überwiegend darauf hingewiesen, daß die Mutter auf jeden Fall erst einmal ausprobieren muß, was ihr und ihrem Baby bekommt. Das bestätigen auch meine Erfahrungen und die vieler meiner Kolleginnen.

...und die Beobachtungen einer Hebamme

Blähungen

Meine Freundin Luise bekam Zwillinge, die sie neun Monate lang voll stillte. Soweit ich mich erinnere, hat sie nicht darauf verzichtet, Lauch zu essen oder sich beim Griechen mal einen Bauernsalat zu bestellen.

Angela hingegen berichtete, daß sie nur eine Bohne anzusehen brauchte – schon bekam Niels Bauchweh und schrie entsetzlich. Als er bereits vier Monate alt war, versuchte sie es mit Bohnen aus der Dose. Danach aß sie bis zum Abstillen keine Bohnen mehr. Als sie einige Jahre später ihre Tochter Sarah stillte, aß sie alles, worauf sie Appetit hatte – Sarah bekam nie Probleme.

Utes erstes Kind, Anton, wurde im Mai geboren. Ute erzählt, daß sie zu Beginn der Stillzeit alles gegessen hat, worauf sie Appetit hatte. Nach kurzer Zeit mußte sie jedoch ihre Eßgewohnheiten umstellen: «Anton hatte während seiner ersten Lebensmonate ganz oft Blähungen, und zwar genau während des Stillens. Das war anfangs sehr nervenaufreibend. Ich dachte, ich könnte nun überhaupt nichts Gesundes mehr essen. Meine Wochenbetthebamme hat mir dann Tips gegeben. Von Mangold hatte ich bis dahin noch nie etwas gehört, das war bereichernd für unseren Speiseplan. Da Antons Geburt in die Spargelzeit fiel, haben wir so viel Spargel gegessen, wie wir bezahlen konnten.

Anstatt Knoblauch und Zwiebeln habe ich viele Kräuter ausprobiert. Ich habe bei einem Urlaub in Griechenland, als Anton fünf Monate alt war, allerdings festgestellt, daß er ein bißchen Knoblauch wunderbar vertragen konnte. Trotzdem habe ich mit den größeren Mengen lieber gewartet bis nach dem Abstillen. Da bin ich dann erst einmal groß griechisch essen gegangen.»

Wundsein

Meine Kollegin Heidi lacht mir ins Gesicht und erzählt, daß sie den Frauen niemals von Zitrusfrüchten abgeraten hat. Es gab keine Beschwerden.

Sobald Barbara jedoch mehr als einen Pfirsich am Tag aß, bekam ihr Sohn eine Streuselhaut.

Ute sagt dazu: «Damit Antons Po nicht wund wurde, trank ich statt des frisch gepreßten Orangensaftes, den ich mir in der Schwangerschaft angewöhnt hatte, nun frischen Gemüsesaft.»

Blähungen und Bauchweh

Solange das Baby noch im Bauch seiner Mutter lebt, ist der Darm inaktiv. Die «Verdauung» regelt die Nabelschnur. Erst mit dem Zeitpunkt der Geburt beginnt der Darm zu arbeiten, das gilt zumindest für die allermeisten Babys. So ist es kein Wunder, daß der Darm ungeübt ist. Er muß sich an das Leben außerhalb der Gebärmutter anpassen. Die Babys gehen sehr verschieden mit dieser neuen Herausforderung um, eben jedes einzelne auf seine Weise. Manche tun sich schwer und weinen dabei. Anderen sieht man zwar an, daß sie sich fürchterlich anstrengen müssen: Sie rudern mit den Armen, stöhnen und meckern vor sich hin, beschweren sich aber nicht lauthals. Noch andere sehen für einen kleinen Moment ganz konzentriert aus, bekommen ein rotes Gesicht, pupen erstaunlich laut, seufzen und lächeln anschließend völlig entspannt.

Was ein Baby verdauen muß

Nun ist es so, daß die Babys nicht nur die Muttermilch verdauen müssen, die sie zu trinken bekommen. Sie müssen auch bewältigen, daß sie geboren sind, daß sie in eine Familie hineingekommen sind, daß sie anders als im Bauch hören und sehen, daß sie riechen und fühlen. All das muß im wahrsten Sinne des Wortes erst einmal verdaut werden. Das Baby muß sich der neuen Welt anpassen. Und auch hier gilt: Jedes auf seine Art und in seinem Tempo.

Vielen Erwachsenen ist sicherlich bekannt, daß der Darm auf Gemütsregungen reagiert. Nicht umsonst heißt es: «Da hast du ja vor lauter Angst in die Hosen gemacht» oder eben schlicht: «Das muß ich erst einmal verdauen.» Und genauso geht es den Babys nach der Geburt.

So ein kleiner Mensch ist ausgesprochen empfänglich für die Stimmungen in seiner Umgebung – auch wenn sie nicht verbalisiert werden. Er spürt förmlich, was in der Luft liegt. Immer wieder rufen junge Mütter oder Väter aufgeregt bei mir an, weil das Baby plötzlich seit Stunden weint und sich nicht beruhigen läßt. Ihr erster und einzige Gedanke ist häufig, die Mutter habe «etwas Falsches» (also Blähendes) gegessen. Bei genauem Nachfragen kommt zum Beispiel heraus, daß den ganzen Nachmittag Besuch da war, zwar nett, aber auch anstrengend, und sich die Eltern nicht getraut haben, den Besuch wegzuschicken. Dieser innere Streß geht nicht spurlos an dem Baby vorbei. Solange «das Programm» noch läuft, mag es entspannt und freundlich sein, aber sobald die Familie unter sich ist, löst sich die Spannung, und das Baby fängt an zu weinen. Da hilft auch Stillen und Wickeln nur begrenzt, denn das ist nicht das eigentliche Problem. Viele Eltern neigen in dieser Situation dazu, ein regelrechtes Beruhigungsprogramm abzuspulen, mit Schaukeln, Schnullern, Wiegen, Stillen, Rumtragen, Wickeln. Bei so einem Programm wird manches Baby erst recht unruhig und schreit noch mehr, was wiederum die Eltern veranlaßt, noch mehr Programm zu absolvieren. Probieren Sie es statt dessen einmal damit: Selbst wenn das Baby im ersten Moment noch schreit, ziehen Sie sich mit dem Kleinen an einen vertrauten Ort (z. B. in das elterliche Schlafzimmer) zurück, und unternehmen Sie möglichst wenig.

Also, nicht jedes Bauchweh oder jede Verspannung im Darm des Babys ist ernährungsbedingt. Manchmal müssen die Eltern eine Zeitlang sich und ihr Baby beobachten, um die wirkliche Ursache herauszubekommen.

Die familiäre Situation

Ursula bekam ihr erstes Kind, sie war guter Dinge. Die Geburt hatte ihre Vorstellungen übertroffen, sie war glücklich und stolz. Wenige Stunden nach der Geburt konnte sie mit ihrer Tochter Naome und ihrer Familie (Eltern und Schwester, alle waren bei der Geburt zugegen) das Geburtshaus verlassen und wieder nach Hause gehen.

Nicht nur bei der Geburt, auch im Wochenbett war Ursulas Familie stark, hilfsbereit und präsent. Die Mutter kochte und putzte, die Schwester wusch die Wäsche, und der Vater erledigte Botengänge. Ursula war dankbar für diese praktische Unterstützung. Ihre kleine Tochter Naome war sehr unruhig und weinte viel, obwohl sich Ursula mit ihrer Tochter gut zurückziehen konnte. Täglich fragte ich, ob es Probleme gäbe, ob sie sich Sorgen mache. «Nein, alles in Ordnung!» Nach fünf Tagen endlich vertraute Ursula mir an, daß ihre Mutter sie irre mache, da sie immer wieder Tips und Vorschläge zum Umgang mit der Kleinen hatte, alles besser wisse und Ursula die Schuld am Geschrei von Naome gab. Sie würde ihr Kind verwöhnen und sich einen kleinen Tyrannen heranziehen.

So ist es nicht verwunderlich, daß Ursula verunsichert war. Obwohl sie eigentlich eine recht genaue Vorstellung davon hatte, wie sie mit Naome umgehen wollte, brachten diese ständigen Bemerkungen ihrer Mutter sie zum Verzweifeln. Sie wollte aber auch ihre Mutter nicht nach Hause schicken, da sie ihr viel im Haushalt half. Da Ursulas Mann arbeiten mußte, war sie auf diese Hilfe angewiesen. Zudem hatte sie das Gefühl, dankbar sein zu müssen, und wollte sich auch deshalb nicht mit ihrer Mutter streiten.

Diese Spannungen, die sich zwischen Mutter und Tochter aufbauten, haben sich natürlich auf Naome übertragen, und Naome mußte sie verdauen. Wen wundert es, daß das Kind Bauchweh hatte?

Nicht immer sind alle Probleme so offensichtlich zu erkennen wie in dieser Geschichte, und selbst wenn sie erkannt sind, lassen sie sich nicht immer auf der Stelle lösen wie in diesem Fall: Ursula hatte die Wahl, mit ihrer Mutter zu sprechen, um die Situation etwas zu entschärfen (aber so schnell läßt sich ein solcher Konflikt nicht beheben), oder ihre Mutter nach Hause zu schicken und damit auf wichtige und entlastende Hilfe zu verzichten.

Um die Situation etwas zu beruhigen, hat sie erst einmal auf stark Blähendes im Essen verzichtet und viel Fenchel gegessen. So wurde der kleinen Naome die Anpassung des Darms in dieser angespannten häuslichen Situation etwas erleichtert.

Kummer der Mutter und / oder Streß

Es kann auch sein, daß eine Frau sich von ihrem Partner allein gelassen fühlt, nicht die Unterstützung bekommt, die sie sich im stillen erhofft hat. Vordergründig gesteht sie sich diese Gefühle vielleicht nicht ein, weil sie vom Kopf her viel Verständnis für seine Situation aufbringt – wie immer die auch sein mag (manche Männer können sich wunderbar aus der Affäre ziehen, wenn ihnen etwas zu nahe oder zu fremd ist und sie sich der Situation nicht stellen wollen). Insgeheim denkt sie vielleicht noch, daß sie es als gute Mutter sowieso alleine schaffen muß. Diese unterschwellige, von den Eltern selbst manchmal nicht erkannte Spannung überträgt sich auf das Kind. Es kann mit Unruhe oder Blähungen darauf reagieren.

Kinder werden also in Situationen hineingeboren, in denen sie auch verdauen müssen, was sie an Stimmungen vorfinden.

Es muß also nicht so sein, daß ein verspannter Babybauch durch die Ernährung seiner Mutter hervorgerufen wird. Jede Familie sollte sich die Zeit nehmen herauszubekommen, wo die Ursachen liegen.

Es gibt ausgesprochen gelassene kleine Erdenbürger, die so in sich ruhen, daß sie alles, was um sie herum passiert, ungerührt zur Kenntnis nehmen. Dann wiederum gibt es weniger gelassene Wesen. Sie werden schon bei einer Kleinigkeit unruhig und reagieren mit Verdauungsbeschwerden, die sich häufig in Bauchkrämpfen und Blähungen äußern.

Wie läßt sich vorbeugen?

Um dem Baby den Start zu erleichtern, kann es hilfreich sein, den äußeren Rahmen so ruhig wie möglich zu gestalten. Dabei ist aber auch zu beachten, daß die Mutter sich wohl fühlt. *Je entspannter die Mutter ist, desto ruhiger kann das Baby verdauen.* Die Gestaltung der ersten Zeit mit dem Baby sieht in jeder Familie anders aus. Hier einige Beispiele:

Kerstin ist alleinerziehend und lebte damals nach der Geburt ihrer Tochter in einer Wohngemeinschaft. Sie kam die ersten vierzehn

Tage kaum aus ihrem Zimmer heraus und empfing auch keinen Besuch. Ihre Tochter überließ sie einmal pro Tag für zwei Stunden einer Freundin, die sich dann mit ihr beschäftigte.

Angela erzählt, daß während der ersten Wochen nach der Geburt ihres ersten Sohnes nur ihr Mann zur Tür ging, dankend die Blumen und die Geschenke in Empfang nahm und Freunde und Verwandte auf später vertröstete. Erst drei Wochen nach der Geburt empfing sie allmählich Besuch. So lange hatten nur die Hebamme und die Haushaltshilfe Zutritt.

Gaby ist eine richtige «Gesellschaftsnudel» und wäre ohne Besuch unglücklich gewesen. Lukas wurde kurz vor Weihnachten geboren. Sie mußte werkeln und kramen, Weihnachtsgeschenke basteln und einkaufen. Wenn sie Besuch zu Hause hatte, blühte sie erst richtig auf. Gaby hat sich allerdings immer die Freiheit herausgenommen, sich zum Stillen zurückzuziehen. Die Freundinnen kochten in der Zwischenzeit Tee und Kaffee und aßen den mitgebrachten Kuchen. Ehrlich gestanden habe ich sie mehrfach eindringlich, aber vergeblich vor der vielen Unruhe gewarnt und die ganze Zeit darauf gewartet, daß es ihr irgendwann zuviel wird. Keineswegs: Klein Lukas war ausgeglichen, seine Eltern auch, und der Start in das neue Familienleben verlief ganz nach dem Geschmack der Familie.

Worauf es sonst noch reagieren kann

Disposition der Mutter

Es gibt aber auch andere Gründe, weshalb Babys Bauchweh oder Blähungen bekommen können.

Neigt die Mutter zu Blähungen, übertragen sich diese auch auf den Säugling. Vorbeugen läßt sich, indem sich die Mutter Zeit nimmt zum Essen, es in Ruhe einnimmt und gründlich kaut.

Allergien der Mutter

Achtung! Verdauungsprobleme bei Säuglingen können auch erste Anzeichen von Allergien sein. Gelegentlich reagieren Babys empfindlich auf Milch und Milchprodukte. Manchmal hilft es, auf gesäuerte Ware umzusteigen (Kefir, Buttermilch, Joghurt oder Quark), die darmverträglicher ist. Im ungünstigsten Fall muß ganz auf Kuhmilcherzeugnisse verzichtet werden. Das sollte im Zweifelsfall genau geklärt werden, zum Beispiel im Gespräch mit einem Arzt oder einer Ärztin bzw. einem Heilpraktiker oder einer Heilpraktikerin. Eltern, die selbst Allergiker sind oder eine Allergiebereitschaft haben, sollten alle Lebensmittel meiden, die bei ihnen selbst Allergien verursachen, und sich unbedingt beraten lassen (s. Adressen im Anhang).

Ernährung der Mutter

Es gibt natürlich auch Babys, die «einfach so» auf bestimmte Nahrungsmittel mit Blähungen reagieren.

Klaudia aß nach der Geburt zunächst alles. Als Kaja zwei Wochen alt war, brachte die frischgebackene Großmutter auf dringenden Wunsch von Klaudia einen selbstgebackenen Pflaumenkuchen mit Früchten aus dem Garten: Klaudias Lieblingskuchen. Sie gönnte sich zwei Stückchen. Abends fing Kaja an zu weinen, krümmte sich und lief rot an. Rumtragen, warme Umschläge für den Bauch und Massagen brachten Linderung. Immer wieder rumorte es in Kajas Windel. Anschließend war für eine Weile Ruhe, bis alles wieder von vorne anfing: schreien, sich krümmen, rot anlaufen, rumtragen, Massagen, Wärme und schließlich herzhaft pupen – die Erleichterung. Das ganze Spektakel dauerte bis in die Nacht hinein. Den Pflaumenkuchen gab es erst wieder im darauffolgenden September, zu Kajas erstem Geburtstag.

Beobachten und Ausprobieren ist wichtig!

Es ist also nicht immer einfach zu erkennen, ob es sich um eine innere Anspannung oder um durch die Ernährung der Mutter verursachte Blähungen handelt. In beiden Fällen kann es zu schmerzhafter Verkrampfung des Bauches kommen. Die Bauchdecke des Babys fühlt sich dann hart und fest an. Herumtragen, Kuscheln, Massieren und Wärme helfen – eine Form der Zuwendung, die immer guttut. Sie müssen ein bißchen herumprobieren: Wenn Ruhe und Entspannung Besserung verschafft, waren es keine Blähungen; tritt durch das Weglassen bestimmter Lebensmittel Entspannung ein, lag es an der Ernährung. Erfolgt keine Besserung, kann eine Allergie nicht ausgeschlossen werden. Dann empfiehlt sich ein Arztbesuch.

Um sich besser kennenzulernen, sollten Eltern dem Baby unbefangen und neugierig begegnen und es als Partner ernst nehmen. Wenn etwas nicht stimmt, wird sich das Kind schon melden. Sind die Eltern aufmerksam, werden sie es verstehen und reagieren. Da passiert nichts Geheimnisvolles, und es wird keinen Schaden für die Zukunft nehmen, falls die Eltern einmal feststellen: «Das war aber nicht gut.» (Der Pflaumenkuchen, der viele Besuch, der Behördengang der Mutter mit dem zehn Tage alten Neugeborenen …)

Die Organisation und Gestaltung der Mahlzeiten

Es ist nicht nur wichtig, *was* eine stillende Mutter ißt, sondern auch, daß sie *überhaupt* etwas ißt!

Frischgebackene Mütter sind häufig, vor allem unmittelbar nach der Geburt, derart euphorisiert, daß sie meinen, sie bräuchten nie wieder im Leben zu schlafen und zu essen. Dieses Gefühl weicht spätestens nach ein paar Tagen einer Erschöpfung, bei der keine Lust und Kraft mehr übrigbleibt, etwas zu essen.

Es passiert auch immer wieder, daß die Babys genau in dem Moment anfangen zu meckern, in dem die Mutter gerade in Ruhe etwas essen möchte. Fast alle Frauen lassen in einer solchen Situation sofort ihr Essen stehen und versorgen erst ihr Baby. Dann ist das Essen kalt, es schmeckt nicht mehr, und sie nehmen nur noch ein paar Häppchen zu sich. Auch hier gilt es, sich gut zu organisieren und sich selbst wichtig zu nehmen. Es ist nicht mehr so selbstverständlich wie vorher, daß ein Essen um sechs Uhr auf dem Tisch steht und auch noch in Ruhe gegessen werden kann.

Eine junge Mutter sagte einmal lachend zu mir: «Es ist, als ob der Grips vom Kopf in den Busen rutscht.» Sie sprach von ihren Konzentrationsschwierigkeiten, die sich darin äußerten, daß sie abends immer noch einmal ihren Mann einkaufen schicken mußte, da sie jedesmal etwas vergessen hatte.

Und wenn es wichtige Zutaten fürs Kochen gewesen sind, dann kann die junge Mutter nicht mehr schnell zum Krämer um die Ecke laufen. Zumindest steht sie vor der Alternative: losrennen, das Kind schlafen lassen und hoffen, daß es nicht aufwacht; oder Geschrei in Kauf nehmen, weil sie ihr Baby weckt, es anzieht und mit zum Kaufmann nimmt. Natürlich kann sie noch etwas anderes kochen oder sich schnell eine Pizza bestellen. Die schlechteste Alternative wäre, auf das Essen ganz zu verzichten.

Solche Situationen lassen sich nicht immer vermeiden, aber gute Vorratshaltung und ein Einkaufszettel sind auf jeden Fall eine Hilfe.

Regelmäßige, in Ruhe eingenommene Mahlzeiten sind für die Milchbildung ebenso unverzichtbar wie Ruheoasen und reichliches Trinken.

Petra bekam ihre zweite Tochter. Käthe wog achteinhalb Pfund bei der Geburt und hatte vom ersten Tag an großen Appetit. Petra zauberte zu Hause, um der großen und der kleinen Tochter gerecht zu werden und sich selbst. Wäsche, Windeln, Einkäufe, Kochtöpfe, Staubsauger... sie drehte sich im Kreis. Um dem Muttermilchbedarf ihrer hungrigen Kleinen nachzukommen, kochte sie sich täglich zwei bis drei Liter Fencheltee. Außerdem trank sie viel Wasser, ein wenig Malzbier (sehr milchbildend) und ein bißchen Saft. So konnte sie den Bedarf ihrer Tochter gerade eben decken. Als Käthe sechs Wochen alt war, fuhr Petra mit ihren Kindern für ein langes Wochenende zu ihrer Mutter, die ihr die große Tochter abnahm und sie alle bekochte. Neben der relativen Ruhe, die sie jetzt hatte, bekam Petra drei Mahlzeiten kredenzt, die sie ganz ohne Hektik zu sich nehmen konnte. Petras Fenchelteebedarf sank auf einen Liter täglich, ohne daß ihr Stillbaby zu kurz gekommen wäre.

Voraussetzungen, damit das Stillen gut klappt

- Gut essen ist Pflicht! Drei bis fünf in Ruhe eingenommene Mahlzeiten pro Tag, wobei auch kleine Zwischenmahlzeiten in Form von Joghurt, Müsli, Nüssen, Obst oder frischem Gemüse (Paprika, Karotte, Gurke o. ä) dazugezählt werden können, sollten es unbedingt sein.
- Ausreichend trinken (zwei Liter wären gut – Kaffee zählt nicht dazu, denn der entzieht dem Körper Flüssigkeit). Stellen Sie sich

morgens eine Thermoskanne mit Kräutertee hin, dann brauchen Sie nicht ständig warme Getränke frisch zuzubereiten.
Stillen macht durstig!
Tip: Bevor sich eine Frau zum Stillen niederläßt, sollte sie sich etwas zu trinken holen. Sonst sitzt sie, wenn das Kind erst einmal trinkt, möglicherweise auf dem Trockenen.

- Viel Ruhe und Entspannung beim Stillen, dann funktioniert der Milchflußreflex besser.
  Das muß nicht bedeuten, daß in Anwesenheit von Freunden nicht gestillt werden sollte. Nur muß sich die stillende Mutter entspannen und auf das Baby konzentrieren können. Das ist individuell verschieden. Wenn das Baby unruhig an der Brust trinkt, nicht kräftig und gleichmäßig zieht und nach der Mahlzeit nicht zufrieden ist, sollte sich die Mutter mehr Ruhe beim Stillen gönnen. Trinkt das Baby ruhig und gleichmäßig und ist es zufrieden, gibt es keinen Grund, an der bestehenden Situation etwas zu ändern.

So kommen Sie zu regelmäßigen Mahlzeiten

- Nehmen Sie den Rhythmus des Babys ernst. Stellen Sie nicht gerade dann ein warmes Essen auf den Tisch, das mit Messer und Gabel gegessen werden muß, wenn das Baby gewöhnlich seine unruhige Zeit hat.
- Zu den Zeiten, in denen das Baby viel Aufmerksamkeit braucht, sollte es nur Speisen geben, die auch mit einer Hand und im Gehen gegessen werden können oder die kalt ebenso gut schmecken wie warm (z. B. Karotten-Mandel-Laib, Pfannkuchen, vielleicht eine Quiche, Salate, Brote). Diese unruhigen Stunden haben die meisten Babys am frühen Abend, manchmal bis in die Nacht hinein. Es kann aber auch irgendwann zu einer anderen Zeit sein – das bekommen die Eltern in der Regel schnell heraus.

- Legen Sie ausreichenden Vorrat an, z. B. Vollkornmehl (wer eine Getreidemühle hat: Getreide), Gemüsebrühe, Gewürze, Zucker, Honig, Essig und Pflanzenöl, Nudeln, Reis, Kartoffeln, Müsli, Tomaten aus der Dose; wer einen Gefrierschrank hat, z. B. Tiefkühl-Blattspinat...
- Auch für Zwischenmahlzeiten sollten Sie ausreichend Zutaten im Hause haben: Nüsse, Studentenfutter, Joghurt, Quark, knackiges Gemüse, Obst. Verteilen Sie einiges davon in kleinen Schüsseln in der Wohnung, so daß es jederzeit griffbereit ist.
- Die Zwischenmahlzeiten können Sie auch während des Stillens zu sich nehmen.
- Wer einen Gefrierschrank hat, kann während der Schwangerschaft ein paar Gerichte auf Vorrat kochen und einfrieren.
- Planen Sie die Hauptmahlzeit rechtzeitig: Vielleicht kann sie am Tag vorher oder am Vormittag zubereitet werden.
- Nehmen Sie Hilfen an, lassen Sie sich einmal ordentlich bekochen.
- Sie können beim Kochen das Kind bei sich haben (siehe S. 35).
- Machen Sie sich zum Frühstück Schnittchen oder einen Teller mit belegten Brötchen, und nehmen Sie das Frühstück wieder mit ins Bett.

Jede Frau muß für sich herausbekommen, wie sie ihren Tagesablauf so organisiert, daß sie nicht nur ihr Baby gut versorgt, sondern auch sich selbst.

Kleine Einführung in die Ernährungslehre

Nährstoffe

Nährstoffe sind die wesentlichen Inhaltsstoffe der Lebensmittel. Diese braucht der Körper für Wachstum und Gesundheit sowie die körperliche und geistige Leistungsfähigkeit.

Zu den Nährstoffen gehören die Kohlenhydrate, Fette und Eiweiße als Energielieferanten, Eiweiße, Wasser und Mineralstoffe als Bausubstanzen, Vitamine, Spurenelemente und Wasser als Schutz- und Regulierstoffe. Strenggenommen sind die für den Körper äußerst wichtigen Ballaststoffe keine Nährstoffe, aber sie haben eine wichtige funktionsfördernde Wirkung. Auch die Farb-, Duft- und Geschmacksstoffe spielen in unserer Nahrung eine große Rolle, denn sie sind es, die uns zu genußvollem Essen animieren.

Kohlenhydrate

Hinter dem Fachwort Kohlenhydrate verbirgt sich eine Anzahl besser bekannter Stoffe wie Traubenzucker, Fruchtzucker, Milchzucker, Haushaltszucker, Stärke. Lange Zeit wurden die Kohlenhydrate als «Dickmacher» verteufelt, ganz zu Unrecht, denn mit dieser Energiequelle kann der Körper am besten arbeiten. Gerade in der Stillzeit braucht die Mutter – die Schwerstarbeit leistet – besonders viel Energie. Dabei gibt es verschiedene Formen von Energiequellen. Traubenzucker, Fruchtzucker und Haushaltszucker gelangen schnell in die Blutbahn und liefern somit kurzfristige Energie. Stärke ist ein Kohlenhydrat mit Langzeitwirkung.

In der Stillzeit soll über die Hälfte (56 Prozent) der täglichen Energiezufuhr in Form von Kohlenhydraten gegessen werden. Neben der Quantität soll aber auch die Qualität stimmen. Stillende Frauen sollten stärkehaltigen Produkten den Vorzug geben, wie Kartoffeln, Reis, Brot und Getreide (zum Beispiel in Form von Müsli) und natürlich Gemüse, dafür weniger Haushaltszucker, Süßigkeiten und gezuckerte Getränke wie Limonaden.

Vollkornprodukte sind empfehlenswert, da sie neben Stärke noch eine Reihe weiterer Nährstoffe enthalten, wie die B-Vitamine, die sich positiv auf die Milchbildung auswirken. Stillende Mütter sollten darauf achten, daß nicht nur zu den Hauptmahlzeiten die Kohlenhydrate überwiegen, sondern daß sie auch in den Zwischenmahlzeiten Snacks wie Müsli mit Obst (Bananen haben besonders viel Stärke!) oder Vollkornsandwiches, bestrichen mit Honigquark, essen.

Fette

Nahrungsfette sollten bei ausgewogener Ernährung für stillende Mütter etwa 30 Prozent des täglichen Energiebedarfs decken. Sie liefern aber nicht nur Energie, sondern sind vor allem auch Träger der fettlöslichen Vitamine A, D, E und K. Dabei unterscheidet sich die Art der Fette ganz erheblich. So überwiegen bei tierischen Fetten die sogenannten gesättigten Fettsäuren. Ein Übermaß an diesen Fettsäuren kann zu Erkrankungen führen. Bei pflanzlichen Fetten aber überwiegen die einfach und mehrfach ungesättigten Fettsäuren. Die mehrfach ungesättigten Fettsäuren sind für uns essentiell, da der Körper diese nicht selbst «herstellen» kann.

Stillende Mütter sollten darauf achten, daß in ihrer täglichen Nahrung die hochwertigen mehrfach ungesättigten Fettsäuren überwiegen. Diese Fettsäuren sind besonders reichlich in Distel-, Sonnenblumen- und Maiskeimöl sowie in Nüssen enthalten.

Eiweiße

Neben der Bereitstellung von Energie kommt dem Nährstoff Eiweiß eine besondere Bedeutung zu, da er für den Aufbau und Erhalt der Körpersubstanz (Zellen) und körpereigener Wirkstoffe (bestimmte Hormone und Enzyme) benötigt wird.

Eiweißquellen sind Fleisch, Fisch, Sojaprodukte und – für die stillende Mutter besonders wertvoll – Milch und Milchprodukte wegen ihres hohen Calziumgehalts. Viel Milch, Buttermilch oder Kefir als Getränke und mindestens zweimal in der Woche Fisch sollten unbedingt auf dem Speiseplan enthalten sein. Wer sich fleischlos ernährt, muß seine Ernährung besonders sorgfältig zusammenstellen, weil sonst Eiweißmangel entstehen kann. Gut geeignete Kombinationen sind zum Beispiel: Getreideprodukte mit Milch (Müsli mit Milch oder Joghurt, Käsebrot etc.); Kartoffeln mit Milch und/oder Ei (Kartoffelpüree mit Senfeiern, Pellkartoffeln mit Quark; und, bei Verträglichkeit, auch noch Hülsenfrüchte mit Brot.

Vitamine

Vitamine sind verantwortlich für die meisten Stoffwechselreaktionen, das Wachstum und die Aufrechterhaltung bestimmter Körperfunktionen. Sie sind nur in kleinen Mengen erforderlich, da sie aber gar nicht bzw. kaum vom Körper selbst gebildet werden können und nur die fettlöslichen Vitamine und Vitamin B_{12} vom Körper gespeichert werden, ist eine regelmäßige Aufnahme von Vitaminen durch die Nahrung notwendig. Im weiteren behandele ich nur die Vitamine, die für die Ernährung in der Stillzeit von Bedeutung sind.

Fettlösliche Vitamine

Diese Vitamine werden im Körper (im Fettgewebe) gespeichert. Zu ihnen gehören unter anderem die Vitamine A, D und K.

Vitamin A / Provitamin A (Carotin) ist in Pflanzen in seinen Vorstufen und in tierischen Produkten als Renitol vorhanden. Es stärkt die Sehfähigkeit, begünstigt die Infektionsabwehr, ist wichtig für das Zellwachstum und fördert den Proteinaufbau (Proteine sind Eiweiße). In Verbindung mit Fetten werden Vitamin A und seine Vorstufen optimal verwertet.

Es ist vor allem enthalten in Möhren, Spinat und Grünkohl. Für eine optimale Nutzung des Vitamin A (bzw. dessen Vorstufen) sollte eine rohe Karotte zum Beispiel immer in Verbindung mit Fett wie zum Beispiel Butter, Crème fraîche oder Pflanzenöl gegessen werden.

Vitamin D begünstigt den Aufbau der Knochen. Es reguliert den Calcium- und Phosphorstoffwechsel. Hebammen, Kinderkrankenschwestern, Kinderärztinnen und -ärzte empfehlen häufig, beim Neugeborenen bis zur Vollendung des ersten Lebensjahres Vitamin D in Tablettenform als Rachitisprophylaxe zu geben. Ob und, wenn ja, in welchem Umfang das nötig ist, wird kontrovers diskutiert (s. auch S. 14). Der Vitamin-D-Gehalt in der Muttermilch läßt sich geringfügig über die Ernährung der Mutter, hauptsächlich aber durch direkte Sonneneinstrahlung (10 Minuten täglich) erhöhen.

Vitamin D ist u. a. enthalten in Thunfisch, Eigelb, Hering und Pilzen.

Vitamin K ist wichtig für die Blutgerinnung.

Ob Neugeborene nach der Geburt zur Vermeidung plötzlich auftretender Blutungen (auch Hirnblutungen) eine Vitamin-K-Spritze oder -Tropfen benötigen, wird ebenfalls kontrovers diskutiert.

Der Vitamin-K-Gehalt in der Muttermilch läßt sich bei einer

gesunden Darmflora und durch Verzehr von Vitamin-K-haltigen Lebensmitteln positiv beeinflussen. Ob eine zusätzliche Gabe von Vitamin K nach der Geburt nötig ist, hängt von unterschiedlichen Faktoren, unter anderem auch vom Geburtsverlauf, ab und sollte individuell mit einer Hebamme, einer Ärztin oder einem Arzt besprochen werden.

Vitamin K ist enthalten u. a. in Spinat (reichlich), Milch- und Milchprodukten sowie Fenchel, Möhren, Champignons und Nüssen.

Wasserlösliche Vitamine

Dazu zählen u. a. die Vitamine des B-Komplexes (Vitamain B_1, B_2, B_6, B_{12}) sowie C und Folsäure. Mit Ausnahme von Vitamin B_{12} können diese Vitamine nicht im Körper gespeichert werden.

Vitamin B_2 ist für den gesamten Stoffwechsel von großer Bedeutung, besonders für den Zellstoffwechsel und die Energiegewinnung. Somit fördert es gesundes Wachstum. Erhöhte Stoffwechselleistungen, wie zum Beispiel die in der Stillzeit, steigern den Bedarf an Vitamin B_2.

Es ist enthalten in Milch und Milchprodukten, Vollkornprodukten sowie Nährhefe.

Vitamin B_6 ist wichtig für den Eiweißstoffwechsel und den Muskelaufbau. Es kommt vor in Fisch, Vollkorn, Feldsalat, Kartoffeln, Bananen, Sojabohnen und Gemüse.

Vitamin B_{12} beeinflußt viele Stoffwechselreaktionen und wird von fast jeder Körperzelle benötigt. Es ist wichtig für die Bildung von Blutzellen und unerläßlich, damit Folsäure seine Wirkung entfalten kann. Das in der Muttermilch enthaltene Vitamin B_{12} wird vom Säugling optimal genutzt.

Vitamin B_{12} ist ausschließlich in tierischen Lebensmitteln enthalten, wie zum Beispiel in Fisch, Ei, Milch oder Käse. Daher ist von einer «streng vegetarischen Kost» (d. h. ohne eben genannte tierische Produkte) dringend abzuraten. «Strenge Vegetarier», sog. Veganer, können Vitamin-B_{12}-Mangel bekommen, der eine Anämie (Blutarmut) begünstigen kann.

Vitamin C stärkt das Immunsystem, fördert die Eisenaufnahme, ist wichtig bei Entgiftungsprozessen und begünstigt Heilungsprozesse von Wunden. Es ist im wesentlichen zu finden in frischem Obst und Gemüse.

Der Vitamin-C-Gehalt ist gut über die Muttermilch regulierbar.

Folsäure unterstützt Zellwachstum und Neubildung von Zellen und hat somit eine große Bedeutung für das Neugeborene. Außerdem ist sie verantwortlich für die Blutbildung. Ein Mangel führt zu Anämie (Blutarmut).

Spinat (eine Portion von 300 g deckt den Tagesbedarf), Spargel, Gurken, Tomaten, rote Bete, Sojabohnen, Vollkornbrot, Weizenkeime, Pastinaken und getrocknete Bierhefe enthalten viel Folsäure.

Und wie steht es mit Vitaminpräparaten?

Man kann davon ausgehen, daß heutzutage, bei einer durchschnittlichen mitteleuropäischen Mischkost, kein Vitaminmangel auftritt. Das belegen Untersuchungen immer wieder. Selbst das sogenannte Fast-food-Essen ist vitaminreicher, als ihm oft nachgesagt wird. Dennoch muß bei ausschließlicher Ernährung mit Fast-food mit Mangelerscheinungen gerechnet werden.

Der Bedarf an Vitaminen ist während der Stillzeit zwar erhöht (siehe Tabelle S. 38), dennoch ist es für eine gesunde Frau nicht erforderlich, Vitamintabletten oder andere Substitutionspräparate einzunehmen. Dasselbe gilt für Multivitaminsaft, nur wer wirklich Appetit drauf hat, sollte ihn trinken.

Für Vitamine gilt, wie für alle Stoffe, die auf den menschlichen Organismus wirken: Viel hilft nicht viel. Auf die richtige Dosierung kommt es an, daher ist auch abwechslungsreiche Kost besonders wichtig. Bei Überdosierungen können manche Vitamine sogar toxisch (giftig) wirken.

Ein Mangel an Vitaminen kann zu Beschwerden führen wie Konzentrationsstörungen, Schlafstörungen, Reizbarkeit oder Appetitlosigkeit (wobei diese Symptome allesamt auch Begleiterscheinungen der neuen Situation als Mutter sein können). Bei derartigen Symptomen ist es ratsam, eine Ärztin oder einen Arzt aufzusuchen, um die Ursachen zu klären.

Mineralstoffe

Mineralstoffe aktivieren den Stoffwechsel, dienen als Bausubstanz für Knochen, Knorpel oder Zähne und sind wichtig für die Reizübertragung in Nerven- und Muskelzellen. Im folgenden beschreibe ich diejenigen Mineralstoffe, die für das Ernährungsverhalten in der Stillzeit von Bedeutung sind.

Calcium dient der Bildung von Knochen- und Zahnsubstanz, ist beteiligt an der Erregbarkeit der Nerven und Muskeln. Es ist unverzichtbar für die Blutgerinnung und von großer Bedeutung für die Milchbildung.

Vitamin D und Milchzucker begünstigen die Aufnahme von Calcium, hingegen wird es in Kombination mit Fett nicht gut aufgenommen.

Milch und Milchprodukte (insbesondere Käse), Fenchel, Grünkohl, Spinat, Nüsse, Sonnenblumenkerne, calciumreiches Mineralwasser, Krabben, Forellenfilets und Ei enthalten viel Calcium.

Eisen ist zuständig für den Sauerstofftransport im Blut. Ein Mangel an Eisen kann zu Blutarmut führen. Dieses Mineral wird über den Darm aufgenommen. Leider verwertet dieser nur sehr geringe Mengen an Eisen. Das aus Fleischprodukten wird zu einem größeren Teil vom Körper verwertet als jenes aus pflanzlichen Lebensmitteln. Die gleichzeitige Einnahme von Vitamin C verbessert die Eisenresorption.

Schwarzer Tee und Kaffee werden gelegentlich als «Eisenkiller» bezeichnet – sie verhindern allerdings nur die Aufnahme des Eisens in die Blutbahn – und sollten weder mit Eisentabletten noch mit eisenhaltiger Nahrung verzehrt werden, zumindest dann nicht, wenn eine Blutarmut (Anämie) vorliegt. Durch regelmäßige Kontrollen in der Schwangerschaft und die Untersuchungen nach der Geburt bei einer Hebamme, einer Ärztin oder einem Arzt ist den meisten Frauen bekannt, ob sie an Eisenmangel leiden oder nicht. Müdigkeit, Blässe und Antriebslosigkeit können sowohl ein Zeichen einer leichten Anämie als auch die Folge schlafloser Babynächte sein.

Strittig bleibt bis heute, ob stillende Frauen, um ihren Eisenbedarf zu decken, unbedingt Fleisch essen *müssen*. Dazu gibt Untersuchungen mit den unterschiedlichsten Ergebnissen. Meine Anmerkungen dazu lesen Sie auf Seite 40. Eisen ist außer in Fisch und Fleisch (hier überwiegend in der Leber) enthalten in Hirse, (frischem) Spinat, Blattpetersilie (Achtung: in großen Mengen kann Petersilie abstillend wirken!), Pfifferlingen, Mohnsamen, Fenchel, Sesamsamen, Rotbäckchensaft und rotem Trauben-Muttersaft.

Jod ist Bestandteil des Schilddrüsenhormons. Jodmangel kann zu einem «Kropf» führen, einer Erkrankung der Schilddrüse. In den vergangenen Jahren wurden zunehmend Lebensmittel (u. a. Brot, Käse, Wurst) mit jodiertem Speisesalz hergestellt, so daß die Zahl der Kropferkrankungen drastisch zurückgegangen ist.

Aber auch für die Entwicklung des Babys ist Jod von großer Bedeutung.

Jodiertes Speisesalz sollte deshalb in keinem Haushalt fehlen. Jod ist außerdem enthalten in Seefisch und Brot.

Qualität

Grundsätzlich gilt, daß Lebensmittel mit jedem Schritt der Verarbeitung an Qualität verlieren. Je frischer und naturbelassener ein Lebensmittel ist, desto reicher ist es an Vitaminen, Mineralien und Nährstoffen.

Was nicht bedeuten soll, daß es nun nichts mehr aus der Konserve oder aus dem Tiefkühlfach geben darf, denn es geht nicht darum, sture Ernährungsvorschriften einzuhalten, aber frisches Obst und Gemüse sowie Milch und Milchprodukte gehören mit auf den täglichen Speiseplan.

Lust am Essen und genußvolles Zelebrieren der Mahlzeiten fördern das Wohlbefinden, Gedeihen und die Gesundheit.

Das Geheimnis ist die Vielfalt – und die Gelassenheit!

Rezepte

Unsere Rezepte haben wir nach Jahreszeiten gegliedert, so daß es möglich ist, das aktuelle, hiesige, meist günstigere Angebot zu nutzen.

Diese Produkte sind reicher an Vitaminen und Mineralien und arm an Schadstoffen. Somit gesünder, da sie kaum Nährstoffverluste durch Transport und Lagerung erleiden. Abgesehen davon schmecken sie einfach gut.

Zu Beginn eines jeden Kapitels gibt es einen Überblick über Gemüse-, Obst- oder Kräutersorten, die zu dieser Zeit auf dem Markt zu haben sind. Sie sind in drei Gruppen eingeteilt (nach: Saisonkalender Gemüse, Obst, Kräuter und Fisch. Was gibt's wann in Hamburg, Verbraucher-Zentrale Hamburg 5/96; AID-Kalender, Bonn 1992):

- Freilandware – Haupterntezeit
  Anbau im Freien oder unter Folientunneln
- Gewächshaus
  Beheizte und unbeheizte Unterglaskulturen
- Lagerware
  Eingelagerte Lebensmittel (z. B. aus dem Kühlhaus)

Beim Kauf der Lebensmittel sollten Sie sich nach dem Herkunftsort erkundigen, denn manche Supermärkte bieten selbst zur Saison importierte Produkte an.

Wir haben jeweils eine größere Auswahl der erhältlichen Erzeugnisse aufgeführt, wenngleich es nicht für jedes angeführte Gemüse oder Obst einen Vorschlag in unserer Rezeptesammlung gibt. Wir haben die Sorten kursiv hervorgehoben, zu denen wir Rezepte anbieten. Natürlich können Sie auch mit den anderen Lebensmitteln leckere Gerichte zubereiten.

Frühling

Frühling

	Freiland	Gewächshaus	Lagerware
Gemüse	*Spinat* *Spargel* (später im Frühjahr)	Kohlrabi, Kopfsalat, *Radieschen, Römersalat, Champignons, Paprika, Gurken* (später im Frühjahr)	*Kartoffeln*
Obst	Erdbeeren*, Rhabarber		
Kräuter	*Basilikum*, Bohnenkraut, Borretsch, *Dill, Estragon, Brunnenkresse, Rauke*, Petersilie Im späteren Frühjahr: *Kerbel*, Liebstöckel, *Melisse*, Oregano, Pfefferminze, Salbei**, *Thymian*		

* Mütter aus allergiegefährdeten Familien sollten während der Stillzeit keine Erdbeeren essen, da diese Allergene enthalten
** Salbei hat eine abstillende Wirkung

Spargel wirkt wunderbar harntreibend, für alle, die noch viel Wasser aus der Zeit der Schwangerschaft eingelagert haben.

Es spricht übrigens nichts dagegen, zur Saison «Spargel satt» zu essen – wenn Appetit und Geldbeutel es zulassen.

Spargel mit warmer Vinaigrette und pochiertem Ei

Mit Kartoffeln deckt dieses Gericht den täglichen Eiweißbedarf.

Hauptgericht: einfach, schnell.

Vorbereiten:
Der Spargel kann schon am Vortag geschält werden und dann in einem feuchten Küchentuch im Kühlschrank aufbewahrt werden.

Zutaten für 2 Personen:
1 kg Spargel • Salz • Zucker • 100 ml Brühe •
1 El Weißweinessig •
2 El Olivenöl • 2 Eier • Pfeffer

Zubereitung:
Spargel schälen, unter fließendem Wasser abwaschen und ca. 8–10 Minuten in kochendem Salzwasser mit einer Prise Zucker garen. Für die Vinaigrette die Brühe, Essig und Olivenöl in einem kleinen Topf erwärmen, von der Kochstelle nehmen, abschmecken und über den noch warmen Spargel gießen. In einem großen Topf Wasser mit einem Schuß Essig zum Kochen bringen und den Topf dann vom Herd nehmen. Die Eier einzeln in eine Tasse schlagen und vorsichtig in das Wasser gleiten lassen. Die Eier 3–4 Minuten pochieren, herausheben, mit warmem Wasser abspülen, mit Salz und Pfeffer würzen und mit dem Spargel zusammen servieren.

Spargelsalat mit Lachs

Eine Portion Lachs deckt den
Vitamin-D-Bedarf für mehrere Tage.

Hauptmahlzeit:
einfach, eine Stunde Ruhezeit einplanen.

Vorbereiten:
Spargel am Vortag schälen und über Nacht in einem feuchten Küchentuch eingeschlagen im Kühlschrank aufbewahren.

Zutaten für 2 Personen:
500 g Spargel • Salz • Zucker • 1 Bund Schnittlauch •
1 El milder Essig • 2 El Nußöl (z. B. Walnußöl) •
1 El Sud vom Spargel • 1 El Honig •
2 Lachsschnitzel à ca. 150 g • Zitronensaft • 2 El Öl

Zubereitung:
Spargel schälen, unter fließendem Wasser abwaschen und ca. 8–10 Minuten in kochendem Salzwasser mit einer Prise Zucker garen. Den Sud nicht wegschütten. Den Schnittlauch waschen, trockentupfen und in feine Röllchen schneiden. Schnittlauchröllchen, Essig, Öl, Spargelsud und Honig zu einer Vinaigrette verrühren, über den noch warmen Spargel gießen und ca. 1 Stunde stehenlassen. Den Lachs mit Zitronensaft beträufeln und salzen. Das Öl in einer Pfanne bei mäßiger Hitze erhitzen und den Lachs von beiden Seiten ca. 3 Minuten braten.

Spargel mit Butter-Kerbel-Soße

Kerbel wirkt milchbildend.
Hauptmahlzeit:
nicht ganz einfach, braucht etwas Zeit und Geduld.

Vorbereiten:
Spargel am Vortag schälen und über Nacht in einem feuchten Küchentuch eingeschlagen im Kühlschrank aufbewahren.

Zutaten für 4 Personen:
1,5–2 kg Spargel • Salz • Zucker • 1 Bund Kerbel •
2 Eigelb • 1 Ei • 2 El Zitronensaft •
75 g weiche Butter • 4 El Gemüsebrühe •
frisch gemahlener Pfeffer •
geriebene Schale von 1 unbehandelten Zitrone

Zubereitung:
Spargel schälen, unter fließendem Wasser abwaschen und ca. 8–10 Minuten in kochendem Salzwasser mit einer Prise Zucker garen. Kerbel waschen, trockentupfen, Blättchen von den Stengeln zupfen und fein hacken. Zimmerwarmes Eigelb, Ei, Zitronensaft, Butter und Gemüsebrühe in eine Schüssel geben und mit einem Handrührgerät auf niedrigster Stufe gut verrühren.

Die Schüssel in ein heißes Wasserbad stellen und mit dem Rührgerät auf niedrigster Stufe ca. 2–3 Minuten weiterrühren, bis die Soße anfängt zu binden. Die Schüssel aus dem Wasserbad nehmen, sobald die Soße vollständig gebunden ist. Kerbel und die Zitronenschale zu der Soße geben und mit dem Handmixer bei höchster Schaltstufe luftig aufschlagen. Abschmecken und sofort zum Spargel servieren.

Tip: Dazu passen neue Kartoffeln.

Spargeltorte

Zwischenmahlzeit:
nicht ganz einfach, braucht etwas Zeit. 35 Minuten Ruhezeit einplanen.

Vorbereiten:
s. S. 78

Zutaten für 4 Personen:
1 kg Spargel • Salz • Zucker • 1 Paket Tiefkühl-Blätterteig (à 300 g) • 30 g Butter • geriebene Schale von 1 unbehandelten Orange • 100 ml Sahne • 1 Eigelb • Pfeffer • Muskatnuß

Zubereitung:
Den Spargel schälen, unter fließendem Wasser abspülen und 8–10 Minuten in kochendem Salzwasser mit einer Prise Zucker garen. Drei Teigplatten ausrollen und eine Tortenbodenform von 20 cm Durchmesser und den Rand damit auskleiden. Den gut abgetropften Spargel darauf verteilen. Butter zerlassen und über den Spargel träufeln, geriebene Orangenschale darüber streuen. Den restlichen Teig ausrollen, einen passenden «Deckel» formen, darüberlegen und den befeuchteten Rand vorsichtig zusammendrücken. In die Mitte des Deckels ein Loch stechen. Im vorgeheizten Backofen bei 200 °C 35 Minuten backen. Die Sahne mit dem Eigelb verquirlen, mit Salz, Pfeffer und geriebener Muskatnuß würzen und durch einen Trichter in das Loch gießen. Weitere 5 Minuten backen.

Tip: läßt sich, fertig gebacken, leicht portionsweise im Backofen mit Alufolie abgedeckt aufwärmen.

Spinatsalat

Spinat enthält zwar nicht so viel Eisen, wie früher geglaubt wurde, dafür deckt aber eine Portion à 300 g den Tagesbedarf an Folsäure und enthält viel Vitamin K.

Zwischenmahlzeit: einfach, schnell.

Zutaten für 2 Personen:
150 g junger Spinat • 1 Ei • ½ Tl Dijon-Senf oder mittelscharfer Senf • 2 El Zitronensaft • Salz • frisch gemahlener Pfeffer • 5 El Olivenöl • 2 El Weißweinessig

Zubereitung:
Den Spinat putzen, gut waschen und trockentupfen. Das Ei hart kochen, das Eigelb mit einer Gabel zerdrücken und das Eiweiß grob hacken. Eigelb, Senf, Zitronensaft, Salz und Pfeffer mit einem Schneebesen schlagen und das Olivenöl tropfenweise dazugeben. Kurz vor dem Servieren die Spinatblätter in der Soße wenden und mit dem gehackten Eiweiß bestreuen.

Dazu paßt: ausgelassene Speckwürfel und Croutons oder frisches Baguette, mit Tomaten belegt.

Überbackene Spinatcrêpes

Spinat wirkt auch blutreinigend.

Hauptgericht:
raffiniert, braucht Zeit (am besten, Sie lassen sich damit verwöhnen!). Eine Stunde Ruhezeit.

Einfache Variante:
Man kann auch geschälte Tomaten aus der Dose und Tiefkühl-Blattspinat nehmen. Dadurch läßt sich etwas Vorbereitungszeit sparen. Außerdem ist es dann ein Rezept für das ganze Jahr.

Zutaten für 4 Personen:
250 g Mehl • Salz • 300 ml Mineralwasser • 200 ml Milch • 3 kleine Eier • 1 El Pflanzenöl • 500 g frischer Spinat (wahlweise 800 g Tiefkühl-Blattspinat) • 1 El Butter • 250 g Ricotta (ersatzweise Doppelrahmfrischkäse) • 50 g Parmesan • 1 Knoblauchzehe • Pfeffer • frisch geriebene Muskatnuß • 4–6 Fleischtomaten (wahlweise 1 gr. Dose geschälte Tomaten, Abtropfgewicht 480 g) • 3 El Olivenöl • Zucker • Majoran (getrocknet) • 125 g Mozzarella

Zubereitung:
Mehl und Salz in einer Schüssel vermischen. Milch und Wasser unter Rühren dazugießen und mit dem Mehl glattrühren. Verquirlte Eier und Öl darunter mischen und den Teig zugedeckt ca. 2 Stunden bei Zimmertemperatur quellen lassen.

Inzwischen für die Füllung Spinat verlesen, grobe Stiele entfernen und den Rest gründlich waschen. Butter in einem großen Topf bei schwacher Hitze erhitzen. Spinat zufügen und zugedeckt zusammenfallen lassen. Topf von der Herdplatte nehmen, Spinat abkühlen lassen und gut ausdrücken.

Ricotta (Doppelrahmfrischkäse), geriebenen Parmesan, durchgepreßten Knoblauch und fein gehackten Spinat vermischen und kräftig mit Salz, Pfeffer und Muskat abschmecken.

Für die Soße die Fleischtomaten kurz in siedendem Wasser überbrühen, kalt abschrecken, häuten, halbieren, entkernen und das Fruchtfleisch würfeln. Olivenöl in einem Topf erhitzen und das Fruchtfleisch darin ca. 15 Minuten dünsten. Mit Salz, Pfeffer, Majoran und Zucker abschmecken.

Den Teig vor dem Backen nochmals kräftig durchrühren. Dann etwa 12 dünne Crêpes ausbacken. Die Füllung darauf verteilen und die Crêpes aufrollen. Mit einem scharfen Messer in ca. 1,5 cm dicke Scheiben schneiden. Die vorbereitete Tomatensoße in eine gefettete Auflaufform gießen und die Crêpesscheiben daraufsetzen. Mozzarella in dünne Scheiben schneiden und darüber verteilen. Die Crêpes in der Mitte des vorgeheizten Backofens bei 220 °C ca. 15 Minuten überbacken.

Raukepfannkuchen mit Champignonfüllung

Hauptmahlzeit: einfach, braucht etwas Zeit.

Vorbereiten:
Der Pfannkuchenteig (ohne Rauke) läßt sich am Vormittag zubereiten und im Kühlschrank aufbewahren.

Zutaten für 4 Personen:
200 g Mehl • ½ Tl Backpulver • Salz • 500 ml Milch • 4 Eier • 1 Bund Rauke • 100 g Butter • 600 g Champignons • Saft von einer halben Zitrone • 4 El Olivenöl • 1 Bund Thymian • frisch gemahlener Pfeffer

Zubereitung:
Für die Raukepfannkuchen Mehl in einer Schüssel mit Backpulver und Salz mischen. Eine Vertiefung eindrücken und etwa die Hälfte der Milch hineingießen. Von der Mitte aus mit dem Handrührgerät quirlen, bis ein dickflüssiger Teig entstanden ist. In einer Schüssel 2 Eier und 2 Eigelb glattrühren. Die Mischung unter den Teig rühren und die restliche Milch hineingeben. Die beiden Eiweiß steif schlagen und vorsichtig unterheben. Teig 30 Minuten ruhen lassen. Rauke abspülen, trockentupfen, in Stücke zupfen und zu dem Teig geben. Portionsweise die Butter in einer Pfanne erhitzen und aus dem Teig 8 Pfannkuchen backen.

Für die Füllung Champignons putzen, vierteln und mit Zitronensaft beträufeln. Champignons in heißem Öl anbraten, bis der Saft verdampft ist. Mit Thymianblättchen, Salz und Pfeffer würzen und die Raukepfannkuchen damit füllen.

Tip: Die Pfannkuchen sind auch kalt sehr lecker.

Kräutercremesuppe

Zitronenmelisse wirkt beruhigend und entspannend.

Zwischenmahlzeit: einfach, schnell.
Hauptmahlzeit: mit Kartoffeln.

Zutaten für 4 Personen:
500 g Spinat (oder 800 g tiefgekühlter Blattspinat) • 2 El Butter • 1 Bund Rauke • ½ Bund Petersilie • 1 Bund Zitronenmelisse • 400 ml Gemüsebrühe • 1 Eigelb • 4 El Sahne • Salz • Pfeffer

Zubereitung:
Den Spinat putzen und gut waschen. Butter in einem Topf bei mäßiger Hitze erhitzen, Spinat hinzufügen und zusammenfallen lassen. Spinat herausnehmen, abtropfen lassen und nach dem Erkalten grob hacken. Die Rauke, Petersilie und Zitronenmelisse waschen. Rauke in Streifen schneiden. Bei der Petersilie und Zitronenmelisse die Blätter von den Stengeln zupfen und fein hacken. Gemüsebrühe aufkochen lassen. Spinat, Rauke, Petersilie und Zitronenmelisse hineingeben und die Suppe von der Kochstelle nehmen. Eigelb mit Sahne und einigen Eßlöffeln heißer Suppe vermischen und dann unter Rühren zur Suppe gießen. Suppe nicht mehr aufkochen lassen. Mit Salz und Pfeffer abschmecken.

Kartoffeln mit Gemüse-Kräuterquark

Hauptmahlzeit: einfach, geht schnell.

Vorbereiten:
Der Quark läßt sich gut vorbereiten.

Zutaten für 2 Personen:
1 kg Kartoffeln • Salz • 1 Bund Radieschen • 1 rote Paprika • 1 Bund Petersilie • 1 Bund Dill • 1 Bund Schnittlauch • 500 g Magerquark • 150 g Crème fraîche • 20 ml Mineralwasser • Kräutersalz • Edelsüßpaprika • Pfeffer

Zubereitung:
Kartoffeln waschen und in Salzwasser kochen. Inzwischen die Radieschen waschen und in Scheiben schneiden. Paprika waschen, entkernen und in feine Würfel schneiden. Kräuter waschen, trockentupfen. Bei der Petersilie die Blätter von den Stengeln zupfen und fein hacken. Dill fein hacken, Schnittlauch in Röllchen schneiden. Magerquark, Crème fraîche und Mineralwasser verrühren, das Gemüse und die Kräuter hinzufügen und vorsichtig verrühren. Mit Kräutersalz, Edelsüßpaprika und Pfeffer würzen. Die Kartoffeln pellen und mit dem Quark zusammen servieren.

Kräuterquiche

Blutreinigend und krampflösend.

Hauptmahlzeit:
einfach, braucht Zeit. Ruhezeit ca. 30 Min.

Zutaten für 4 Personen:

Für den Teig:
100 g Butter • 150 g Weizenvollkornmehl • 100 g Hafermehl • ½ Tl gemahlener Koriander • ½ Tl Kümmel • ½ Tl Piment • Salz • 6 El kaltes Wasser

Für die Füllung:
200 g Spinat • 50 g Kerbel • 50 g Sauerampfer • 50 g Brunnenkresse • 50 g Rauke • 50 g Schnittlauch • 2 Eier • 125 ml Sahne • Muskat • ½ Tl Salz • Edelsüßpaprika • 60 g Gruyère

Zubereitung:

Teig: Die Butter schmelzen, aber nicht bräunen lassen. Weizenmehl, Hafermehl und die Gewürze in einer Schüssel mischen. Die geschmolzene Butter über das Mehl träufeln und die Zutaten zwischen den Fingern reiben, bis ein bröseliger Teig entsteht. Das Wasser zugießen und alles rasch zu einem glatten Teig verkneten. Den Teig zur Kugel formen, in Frischhaltefolie wickeln und 30 Minuten kühl stellen.

Den Teig zu einem Kreis von 28–30 cm Durchmesser ausrollen. Die Form (Spring- oder Quicheform) damit auslegen, einen 2 cm hohen Rand formen und den Teigboden mit einer Gabel mehrmals einstechen. Im vorgeheizten Backofen bei 220 °C 20 Minuten vorbacken.

Füllung: Den Spinat putzen, gut waschen und in geschlossenem Topf ohne Wasserzugabe bei schwacher Hitze ca. 2 Minuten zusammenfallen lassen. Herausnehmen, abkühlen lassen und gut ausdrücken. Die restlichen Kräuter waschen, trockentupfen, Blätter von den Stengeln zupfen, fein hacken und zum Spinat geben. Die Eier mit der Sahne und den Gewürzen verquirlen. Den Gruyère fein reiben und unter die Eimasse rühren.

Die Kräutermischung auf den vorgebackenen Boden verteilen und mit der Eimasse übergießen. Im vorgeheizten Backofen bei 220 °C ca. 25–30 Minuten backen.

Dazu paßt: Salat (z. B. Römersalat mit Käsedressing, s. Seite 104).

Tip: schmeckt auch kalt lecker.

Tip: doppelte Menge Teig vorbereiten, eine Hälfte einfrieren.

Kartoffelsuppe mit Brunnenkresse und Käse

Zwischenmahlzeit: schnell, einfach.
Vorbereiten: läßt sich gut vorbereiten.

Zutaten für 2 Personen:
2 Möhren • 400 g mehlig kochende Kartoffeln (evtl. auch festkochende) • 2 El Pflanzenöl • ½ l Gemüsebrühe • 1 Bund Brunnenkresse • 100 g Emmentalerkäse • frisch gemahlener Pfeffer • Kräutersalz • einige Tropfen Worcestershiresoße

Zubereitung:
Möhren und Kartoffeln waschen, schälen und in grobe Stücke schneiden. Fett in einem Topf erhitzen und das Gemüse darin andünsten. Gemüsebrühe hinzufügen und zugedeckt ca. 45 Minuten sachte köcheln lassen. Die Suppe von der Herdplatte nehmen und mit einem Pürierstab pürieren. Brunnenkresse waschen und in feine Streifen schneiden, Käse grob reiben, beides unter die Suppe rühren. Mit Salz, Pfeffer und Worcestershiresoße abschmecken.

Tip: einfach doppelte oder dreifache Menge kochen, hält sich 2–3 Tage im Kühlschrank.

Sommer

* Mütter aus allergiegefährdeten Familien sollten während der Stillzeit keine Erdbeeren essen, da diese Allergene enthalten

** Salbei hat eine abstillende Wirkung

Sommer

	Freiland	Gewächshaus	Lagerware
Gemüse	Reste vom Spargel, Blumenkohl, Broccoli, Chinakohl, *Auberginen*, Eichblatt, Eisberg, Erbsen, Feldsalat, *Gurken*, Kohlrabi, Kopfsalat, Radieschen, *Römersalat*, Spinat, *Tomaten*, Anfänge von Kürbis und Fenchel.	Bohnen, Sellerie, Zucchini (teilweise Freiland)	
Obst	Reste Erdbeeren*, Brombeeren, Johannisbeeren, *Nektarinen*, Pfirsiche. *Nur im August:* Mirabellen und Sauerkirschen. Später: Süßkirschen.		
Kräuter	*Basilikum*, Borretsch, *Dill*, Estragon, Kerbel, Liebstöckel, Majoran, Melisse, *Oregano, Petersilie*, Pfefferminze, Salbei**, *Thymian*.		

Rohkostgemüse mit Joghurt-Minze-Dip

Zwischenmahlzeit: einfach, schnell.

Vorbereiten:
Der Dip hält sich 3–4 Tage im Kühlschrank.

Zutaten:
frisches Sommergemüse (z. B. Paprika, Gurken, Bleichsellerie, Radieschen) • 1 Bund Minze • 1 grüne Chilischote (oder getrocknete Chilischote) • 500 g Joghurt • Saft einer ½ Zitrone • gemahlener Kreuzkümmel • Salz • Pfeffer

Zubereitung:
Das Gemüse putzen, waschen und schneiden. Für die Soße die Minze waschen, trockentupfen und grob hacken. Die Chilischote waschen, entkernen und fein hacken. Minze, Chilischote, Joghurt und Zitronensaft in einer Schüssel gut verrühren und kräftig mit Kreuzkümmel, Salz und Pfeffer würzen.

Tip: Wer es nicht so scharf mag, kann die Chilischote weglassen.

Tomaten mit Mozzarella und Basilikum

Zwischenmahlzeit: einfach, schnell.

Zutaten für 2 Personen:
1 Pfund reife Tomaten • 125 g Mozzarella •
1 Bund Basilikum • 3 El Olivenöl • Salz •
Pfeffer aus der Mühle

Zubereitung:
Tomaten waschen und in Scheiben schneiden. Mozzarella in Scheiben schneiden. Auf einer Platte anrichten. Basilikum waschen, Blätter von den Stengeln zupfen und über die Tomaten legen. Mit Olivenöl beträufeln und mit Salz und Pfeffer würzen.

Dazu paßt: Stangenbaguette

Avocado mit Tomaten und warmer Vinaigrette

Zwischenmahlzeit: einfach, schnell.

Zutaten für 4 Personen:
2 Scheiben Bacon (Frühstücksspeck) • 1 Bund glatte Petersilie • 4 Tomaten (ca. 400 g) • 3 El Rotweinessig • 55 ml Olivenöl • 2 Tl milder Senf • 4 reife Avocados • Saft von 1 Zitrone

Zubereitung:
Den Bacon in feine Streifen schneiden. Tomaten mit kochendem Wasser übergießen, abziehen, entkernen und würfeln. Petersilie waschen, trockentupfen und fein hacken.

Die Baconstreifen in einer großen Pfanne auslassen. Tomaten, Essig, Olivenöl und Senf hinzufügen und ca. 1 Minute köcheln lassen.

Die Avocados schälen, halbieren, entkernen, in ca. 1 cm dicke Spalten schneiden und mit Zitronensaft beträufeln. Die warme Tomaten-Vinaigrette über die Avocadospalten verteilen, mit Petersilie bestreuen und sofort servieren.

Dazu paßt: Vollkornbaguette oder Schwarzbrot.

Überbackene Polenta

Hauptmahlzeit: schnell, einfach.

Vorbereitung:
Die Polenta läßt sich schon am Abend vorher zubereiten.

Zutaten für 2 Personen:
½ l Gemüsebrühe • 125 g Maisgrieß (Polenta) • 250 g Tomaten • 125 g Mozzarella • 1 El Pflanzenöl • 1 Bund Basilikum • Olivenöl für das Backblech und zum Beträufeln • Pfeffer • Salz • Edelsüßpaprika

Zubereitung:
Gemüsebrühe aufkochen, Grieß (Polenta) zugeben und unter Rühren ca. 5 Minuten kochen lassen. Eine Keramikschüssel oder ein Backblech mit hohem Rand kalt ausspülen, Polenta einfüllen und erkalten lassen.

Tomaten und Mozarella in Scheiben schneiden. Polenta stürzen, in Scheiben schneiden, auf ein gut gefettetes Blech legen und im vorgeheizten Backofen bei 220 °C ca. 5 Minuten backen.

Danach die Polentascheiben wenden und nacheinander gewaschene Basilikumblätter, Tomaten und Käse darauf verteilen. Mit Olivenöl beträufeln, würzen und im heißen Ofen ca. 5–10 Minuten überbacken.

Dazu paßt: ein knackiger Salat.

Hirsepfannkuchen mit Tomaten-Paprika-Füllung

Zwischenmahlzeit: einfach

Zutaten für 4 Personen:
150 g Hirseflocken • 250 ml lauwarme Milch • Salz •
3 Eier • Butter • 1 rote Paprika • 1 grüne Paprika •
500 g Tomaten • 6 El Olivenöl • 2 El Paprikamark •
1 Becher Crème fraîche (125 g) • Pfeffer

Zubereitung:
Hirseflocken mit Milch, Salz und Eiern zu einem ziemlich festen Teig verrühren und 30 Minuten quellen lassen. Inzwischen die rote und grüne Paprika waschen, entkernen und in Streifen schneiden. Die Tomaten mit heißem Wasser überbrühen, Haut abziehen, entkernen und würfeln. Olivenöl in einer Pfanne erhitzen, die Paprika darin ca. 5 Minuten anbraten. Tomaten und Paprikamark hinzufügen und bei schwacher Hitze alles ca. 5 Minuten simmern lassen. Crème fraîche hinzufügen, kurz aufkochen lassen und mit Salz und Pfeffer würzen. In einer kleinen Pfanne die Butter portionsweise bei schwacher Hitze schmelzen und aus dem Pfannkuchenteig kleine goldgelbe Pfannkuchen backen und mit der Tomaten-Paprika-Masse füllen.

Tomaten-Auberginen-Pizza mit Kartoffelboden

Hauptmahlzeit:
raffiniert, braucht etwas Zeit. Vielleicht lassen Sie sich damit von einem lieben Menschen verwöhnen.

Zutaten für 2 Personen:
1 kg mehlig kochende Kartoffeln • 1 El Zitronensaft • 3 Eier • $\frac{1}{8}$ l Sahne • 4 El Gemüsebrühe • 1 Tl Salz • Zucker • 100 g Schafskäse • 1 Bund Oregano • 4 El Pflanzenöl • 500 g Tomaten • 1 Aubergine (ca. 200 g) • 250 g Mozzarella • 10 schwarze Oliven • 2 El Olivenöl

Zubereitung:
Kartoffeln schälen, waschen, raspeln, mit dem Zitronensaft mischen und gut abtropfen lassen. Eier, Sahne, Brühe, Salz, Zucker, geriebenen Schafskäse und Oregano verquirlen und unter die Kartoffelmasse rühren. Eine feuerfeste Pfanne oder Pizzaform (30 cm) mit Öl ausstreichen, die Kartoffel-Ei-Masse hineinfüllen, mit Pergamentpapier abdecken und im vorgeheizten Backofen bei 220 °C ca. 30 Minuten backen.

Inzwischen die Tomaten und Auberginen waschen, die Stielansätze entfernen und in ca. $\frac{1}{2}$ cm dicke Scheiben schneiden. Die Auberginen bei milder Hitze in Öl von beiden Seiten goldgelb braten. Den Mozzarella in dünne Scheiben schneiden.

Den Boden nach 30 Minuten Backzeit aus dem Ofen nehmen und abwechselnd mit Tomaten, Auberginen und Käse belegen. Die Oliven darauf verteilen und das Öl darüber träufeln. Weitere 20 Minuten bei 220 °C im Backofen backen.

Tip: Es ist auch möglich, statt des Kartoffelbodens einen Tiefkühlpizzateig zu nehmen.

Auberginenauflauf mit Käsekruste

Hauptmahlzeit:
(mit Beilage), einfach, benötigt aber etwas Vorbereitungszeit, 30 Minuten Ruhezeit.

Zutaten für 4 Personen:
750 g Auberginen • 750 g reife Tomaten • 2 Bund Petersilie • 60 g Vollkornsemmelbrösel • Schale von 2 unbehandelten Zitronen • 100 g Emmentalerkäse • 1 El Olivenöl • 1 Tl Salz • 3 Tl Oregano • 1 El Butter

Zubereitung:
Die Auberginen waschen, Stiel abschneiden und die Frucht quer in ca. 1 cm dicke Scheiben schneiden. Tomaten häuten (die Stiele entfernen) und fein hacken. Petersilie waschen, trockentupfen und fein hacken. Die Vollkornsemmelbrösel mit der Zitronenschale, Käse und Petersilie mischen. Eine große Auflaufform mit Olivenöl ausstreichen und den Boden mit Auberginenscheiben belegen, mit Salz bestreuen und mit etwas Olivenöl beträufeln. Einen Teil der Tomaten darauf verteilen, so daß die Auberginen bedeckt sind, und mit Oregano bestreuen. Weiter so verfahren, bis das Gemüse verbraucht ist. Den Auflauf mit der Vollkornbrösel-Käse-Mischung bedecken und die Butter in Flocken daraufsetzen. Im vorgeheizten Backofen bei 200 °C ca. 30 Minuten auf der mittleren Schiebeleiste backen.

Dazu paßt: Reis und Salat.

Gefüllte Auberginen

Hauptgericht: einfach, 45 Minuten Ruhezeit.

Zutaten für 4 Personen:
4 Auberginen • Salz • 125 g Champignons •
1 Bund glatte Petersilie • 20 g Parmesan • 1 Zwiebel •
100 ml Olivenöl • 100 g Semmelbrösel • Pfeffer •
2 Eigelb

Zubereitung:
Auberginen längs halbieren. Mit einem Löffel das Fruchtfleisch der Auberginen – bis auf eine dünne Schicht – aus den Auberginenhälften herausheben und beiseite stellen. Die Auberginenhälften mit Salz bestreuen und mit der offenen Seite nach unten auf Küchenkrepp legen. Das Fleisch der Auberginen kleinhacken. Champignons putzen und fein hacken. Petersilie waschen, trockentupfen und fein hacken. Parmesan reiben. Die Zwiebel in Würfel schneiden. Die Hälfte des Olivenöls bei mittlerer Hitze in einer Pfanne erhitzen und die Zwiebel darin rösten. Das Auberginenfleisch zugeben und unter Rühren garen, bis die Flüssigkeit verdunstet ist. Dann Champignons, Petersilie und so viel Semmelbrösel hinzufügen, daß eine feste Mischung entsteht. Parmesan hinzufügen. Mit Salz und Pfeffer würzen, Pfanne von der Herdplatte nehmen und mit Eigelb binden.

Die Auberginenhälften trockentupfen, die Füllung hineingeben, die restlichen Semmelbrösel darüberstreuen und die Auberginenhälften in eine Backform setzen. Mit dem restlichen Öl beträufeln und in dem vorgeheizten Backofen bei 180 °C ca. 45 Minuten garen.

Gebratene Auberginenscheiben mit Petersilienreis und kalter Joghurtsoße

Machen Sie sich einen «Mittelmeerabend» bei offenem Fenster oder auf dem Balkon – mit Oliven, Schafskäse und Weißbrot.

Hauptgericht: etwas aufwendiger.

Zutaten für 4 Personen:
500 g Auberginen • Salz • Pfeffer • 2 El Mehl •
125 g Butterschmalz • Thymian • 250 g Vollkornreis •
1 Bund glatte Petersilie • 10 g Pinienkerne •
200 g Vollmilchjoghurt • 1 El Zitronensaft

Zubereitung:

Auberginen waschen (Stielansätze abschneiden) und in ca. 1 cm dicke Scheiben schneiden. Auberginenscheiben nebeneinander legen, mit Salz leicht bestreuen, einige Minuten stehenlassen, kalt abspülen und mit Küchenpapier trockentupfen. Mehl in einen flachen Teller geben und die Auberginenscheiben darin leicht wenden. Mit Pfeffer würzen. Fett in einer Pfanne erhitzen und die Auberginenscheiben darin 3–4 Minuten ausbacken, bis sie goldbraun sind. Auf einen vorgeheizten Teller legen und mit Thymian bestreuen.

Reis nach Packungsanweisung in gesalzenem Wasser kochen. Abtropfen lassen und warm stellen. Petersilie waschen, trockentupfen und sehr fein hacken. Pinienkerne in der Pfanne rösten. Beide Zutaten unter den Reis mischen.

Für die Joghurtsoße den Joghurt mit dem Zitronensaft verrühren und mit Salz und Pfeffer abschmecken.

Variation:

Sie können die Auberginenscheiben auch panieren. Dazu mischen Sie 80 g Vollkornsemmelbrösel mit 80 g Parmesan. Die Auberginenscheiben in 2 verquirlten Eiern, danach in der Paniermischung wenden. In Butterschmalz langsam goldgelb ausbacken.

Buttermilch-Gurken-Suppe

Calciumreich, milchbildend und entblähend.

Zwischenmahlzeit: ganz einfach und schnell.

Zutaten für 2 Personen:

1 mittelgroße Gurke • 1 Bund Dill •
100 g eingelegter Kürbis • 1 l Buttermilch • Salz •
Pfeffer • einige Tropfen Tabasco

Zubereitung:

Die Gurke waschen, schälen, längs halbieren und mit einem Teelöffel die Samen entfernen. Die Gurkenhälften in ca. 1 cm dicke Scheiben schneiden. Dill waschen, trockentupfen und fein hacken. Eingelegten Kürbis in kleine Würfel schneiden. Alles mit der Buttermilch vorsichtig verrühren. Mit Salz, Pfeffer und nach Geschmack mit einigen Tropfen Tabasco abschmecken.

Gurken in Sahne-Dill-Soße

Dill wirkt milchbildend und entspannend.

Zwischenmahlzeit: schnell, einfach.

Zutaten für 4 Personen:
2 Gurken (oder 4–5 Schmorgurken) • 60 g Butter • Salz • frischgemahlener Pfeffer • 200 ml Sahne • 3 Eigelb • 1 Tl Weinessig • 1 Bund Dill

Zubereitung:
Die Gurken schälen, längs halbieren und das Innere mit den Kernen mit einem Löffel entfernen. Das feste Fleisch quer in dünne Scheiben schneiden. Die Butter in einem Topf auslassen, die Gurkenscheiben hineingeben und bei mittlerer Hitze 5 Minuten braten. Mit Salz und Pfeffer würzen. Die Sahne dazugießen und ein wenig einkochen lassen. Das Eigelb mit dem Essig verrühren, 1 El heiße Soße darunterziehen, die Eigelbmischung in den Topf mit den Gurken geben und bei kleiner Hitze simmern lassen, bis die Soße dick wird. Dill waschen, trockentupfen, fein hacken und unter das Gericht rühren.

Variation I:
Verfeinert mit Nordseekrabben schmeckt es auch sehr lecker.

Variation II:
Mit Kartoffeln wird dieses Gericht zur Hauptmahlzeit.

Friséesalat mit Mango und Putenbruststreifen

Zwischenmahlzeit: einfach.

Zutaten für 4 Personen:
1 Kopf Friséesalat • 250 g Vollmilchjoghurt •
4 El Crème fraîche • 2 El Zitronensaft • Salz • Pfeffer •
2 Mango • 400 g Putenbrust • 3 El Pflanzenöl

Zubereitung:

Vom Frisée die äußeren Blätter entfernen. Die restlichen Blätter klein zupfen, waschen und trockenschleudern. Für die Salatsoße Joghurt, Crème fraîche und Zitronensaft verrühren und mit Salz und Pfeffer abschmecken.

Die Mango schälen und das Fruchtfleisch in Spalten vom Kern entfernen. Die Putenbrust in Streifen schneiden. Das Öl erhitzen und die Streifen darin ca. 5 Minuten goldgelb braten.

Den Friséesalat auf vier Teller verteilen, die Mangospalten und Putenbruststreifen ebenfalls. Mit der Salatsoße übergießen.

Römersalat mit Käsedressing

Eine kleine sommerliche Köstlichkeit

Zwischenmahlzeit: schnell, einfach.

Zutaten für 2 Personen:
150 g Magermilchjoghurt • ½ El Zitronensaft •
50 g Blauschimmelkäse • Salz • Pfeffer •
1 Kopf Römersalat • 2 Nektarinen •
1 El gehackte Walnußkerne

Zubereitung:
Joghurt mit dem Zitronensaft zu einer glatten Soße rühren. Käse mit einer Gabel zerdrücken und in die Soße schlagen, bis eine fast glatte Mischung entstanden ist. Vorsichtig mit Salz und Pfeffer würzen (der Käse hat meist schon genug Geschmacksstoffe).

Römersalat waschen, trocknen und in kleine Stücke zupfen. Die Nektarinen waschen und in Spalten schneiden. Mit dem Salat zusammen anrichten. Kurz vor dem Servieren das Käsedressing über den Salat geben und mit den Walnußkernen bestreuen.

Kartoffel-Champignon-Auflauf

Hauptgericht: einfach, 50 Minuten Ruhezeit.

Zutaten für 4 Personen:
750 g Kartoffeln • 500 g Champignons •
300 g Tomaten • 200 g geräucherte Putenbrust,
in Scheiben geschnitten • 200 g Edamer Käse •
Thymian • 4 Eier • 2 Spritzer Tabasco •
1 Tl Edelsüßpaprika • Salz • Pfeffer

Zubereitung:

Kartoffeln in Salzwasser kochen und pellen. Champignons putzen, Tomaten waschen. Alles in feine Scheiben schneiden. Die geräucherte Putenbrust in feine Streifen schneiden und den Käse in Würfel. Alle Zutaten bis auf die Tomaten in eine gefettete Auflaufform schichten, zum Schluß mit den Tomatenscheiben belegen und mit Thymian bestreuen. Eier mit Tabasco, Paprika, Salz und Pfeffer verschlagen und darübergießen. Im vorgeheizten Ofen bei 225 °C ca. 50 Minuten backen.

Herbst

Herbst

	Freiland	Gewächshaus	Lagerware
Gemüse	Früh im Herbst: *Zucchini*. Endivien, *Kürbis*, *Fenchel*, Sellerie, Steckrüben, *Pfifferlinge*. Später: Grünkohl	Spinat, *Mangold*, Kohlrabi, Kopfsalat, Tomaten, Römersalat, Paprika, *Endiviensalat*.	
Obst	Birnen, Pflaumen, Quitten, Äpfel. Nur im September: Holunder.		
Kräuter	Früh im Herbst: *Kerbel*, Liebstöckel, Majoran, Melisse, Oregano, Pfefferminze, *Petersilie*. Sonst: Salbei*, Thymian, Estragon.	*Dill, Basilikum*.	

* Salbei hat eine abstillende Wirkung

Kürbiscremesuppe mit Nordseekrabben

Was kaum jemand weiß: Kürbis enthält, wie Spinat und Möhren, viel Karotin (der Körper bildet daraus Vitamin A). Außerdem ist der Kürbis gut bekömmlich und leicht verdaulich.

Zwischenmahlzeit oder Vorspeise: einfach.

Zutaten für 4 Personen:
1,5 kg Kürbis • 1 Stange Bleichsellerie • Salz • Pfeffer • 1 kleines Stück Ingwer • 500 ml Milch • 500 ml Gemüsebrühe • 125 g Nordseekrabben • 1 Tl Zitronensaft • 30 g Butter

Zubereitung:
Kürbis schälen, entkernen und in Würfel schneiden. Bleichsellerie waschen und in Stücke schneiden. Beide Zutaten in einen Topf geben und mit Salz, Pfeffer und feingehacktem Ingwer würzen. Milch und Gemüsebrühe hinzugießen, so daß alles bedeckt ist, und ca. 30 Minuten simmern lassen, bis der Kürbis weich ist. Die Suppe pürieren, noch einmal aufkochen lassen. Die Nordseekrabben mit Zitronensaft beträufeln und in die Suppe geben. Unmittelbar vor dem Servieren die Butter unterziehen. Abschmecken.

Dazu paßt: Vollkornbrot.

Gebratene Kürbisscheiben

Hauptmahlzeit: braucht etwas Übung.

Zutaten für 2 Personen:
1 kg Kürbis ohne Schale • 400 g Pecorino oder Parmesan • 200 g saure Sahne • 1 Bund Schnittlauch • 4 El Weizenvollkornmehl • 1 Ei • 1 Eigelb • 10 El Semmelbrösel • 6 El Pflanzenöl

Zubereitung:
Den geschälten Kürbis in gleich große, etwa ½ cm dicke Scheiben schneiden und alle Kerne entfernen. Die Scheiben nacheinander in kochendes Salzwasser legen, 5 Minuten blanchieren, aus dem Wasser heben und gut abtropfen lassen. Den Käse reiben und mit der sauren Sahne (1–2 El zur Seite stellen) verrühren, bis eine geschmeidige Masse entsteht. Den Schnittlauch waschen, trockentupfen, in feine Röllchen schneiden und unter die Käsecreme heben.

Die Hälfte der Kürbisscheiben mit der Käsecreme bestreichen und jeweils 1 unbestrichene Kürbisscheibe darauflegen. Diese «Sandwiches» in Mehl wenden. Das Ei mit dem Eigelb und der restlichen sauren Sahne verquirlen, die in Mehl gewendeten Kürbisschnitten darin eintauchen und zum Schluß in den Semmelbröseln wenden. Die Panade einige Minuten trocknen lassen.

Das Olivenöl erhitzen und bei mäßiger Hitze die Kürbisscheiben nacheinander von beiden Seiten knusprig braun braten.

Pikanter Zucchinisalat mit Pfifferlingen

Dieser Salat ist reich an Vitamin D.

Zwischenmahlzeit:
einfach, das Putzen der Pilze dauert etwas.

Vorbereiten:
die Pilze kann man schon vorbereitend säubern.

Zutaten für 4 Personen:
6 kleine Zucchini • $\frac{1}{8}$ l Geflügelbrühe • 1 El Kapern • 2 Cornichons (oder 2 kleine Gewürzgurken) • 1 Ei • 7 El milder Weißweinessig • 1 Tl Senf • 8 El Olivenöl • 300 g Pfifferlinge • 2 El Pflanzenöl • Salz • Pfeffer • 4 Scheiben Vollkornbrot

Zubereitung:

Zucchini waschen und in Stifte schneiden. Geflügelbrühe aufkochen und die Stifte darin 2 Minuten blanchieren. Die Stifte abgießen und abtropfen lassen.

Die abgetropften Kapern und Cornichons fein hacken. Das Ei ca. 6 Minuten wachsweich kochen, schälen und mit einer Gabel zerdrücken, mit Essig, Salz und Senf verrühren, nach und nach unterrühren, das Öl einlaufen lassen. Die vorbereiteten Zutaten mit der Soße vermischen, mit Pfeffer würzen und ca. 10 Minuten ziehen lassen.

Die Pfifferlinge mit einem feinen Pinsel säubern. Öl in einer Pfanne erhitzen und die Pfifferlinge bei mittlerer Hitze ca. 5–8 Minuten darin andünsten. Mit Salz und frisch gemahlenem Pfeffer würzen und auf die Vollkornbrotscheiben verteilen. Den Zucchinisalat dazu reichen.

Zucchini-Risotto mit Parmesan

Hauptmahlzeit:
braucht etwas Übung, man muß daneben bleiben und
viel rühren und rühren und rühren…
Das Risotto muß sämig sein, auch wenn das manche
Köchinnen und Köche irritiert.

Zutaten für 4 Personen:
3 Zucchini (ca. 400 g) • 5 El Olivenöl •
Schale von 1 unbehandelten Zitrone •
300 g Avorio-Reis (italienischer Rundkornreis) oder
Rundkornreis • 1 $\frac{1}{8}$ l Gemüsebrühe •
frisch gemahlener Pfeffer • 150 g frisch geriebener
Parmesan • Salz

Zubereitung:

Zucchini waschen, Stielansätze und Enden abschneiden und in kleine Würfel schneiden. Öl bei schwacher Hitze in einem Topf erhitzen und die Zucchiniwürfel darin leicht anbraten. Reis dazugeben und so lange braten, bis er glasig ist. Dann soviel Brühe zugießen, daß der Risotto gut bedeckt ist. Unter ständigem Weiterrühren kochen, bis der Reis die Flüssigkeit aufgesogen hat. Dabei ständig weiter Brühe angießen, bis der Reis gar ist, aber noch leichten Biß hat. Den Topf von der Kochstelle nehmen, mit Pfeffer abschmecken. Parmesan und Zitronenschale unterrühren und – falls nötig – salzen. Risotto zugedeckt noch 4–5 Minuten ausquellen lassen.

Tip: Bei nur zwei Personen läßt sich die andere Hälfte am darauffolgenden Tag bei sehr niedriger Temperatur langsam noch einmal im Backofen, mit Alufolie bedeckt, aufwärmen.

Fenchel mit Möhren-Orangen-Soße

Fenchel ist milchbildend und wirkt entspannend.

Hauptmahlzeit: einfach, schnell.

Vorbereiten:
Die Soße am Vortag zubereiten.

Zutaten für 2 Personen:
150 g Möhren • 2 El Butter • 30 ml Gemüsebrühe • 20 ml Orangensaft • 1 kleines Stück Ingwer • 150 g Crème double • Salz • frisch gemahlener Pfeffer • gemahlener Koriander • 4 Fenchelknollen

Zubereitung:
Die Möhren waschen, schälen, in grobe Stücke schneiden und in Butter kurz andünsten. Die Gemüsebrühe zugießen und ca. 20 Minuten garen. Abgießen und das Gemüse pürieren. Den Orangensaft zu dem Möhrenpüree geben. Den Ingwer schälen und in ganz feine Würfel schneiden. Möhrenpüree bei schwacher Hitze erwärmen, die Crème double untermischen und mit Salz, Pfeffer und Koriander abschmecken. Die Fenchelknollen waschen und putzen, vierteln und in wenig Wasser ca. 12–15 Minuten bißfest garen. Mit der Soße übergießen.

Dazu paßt: Reis

Tip: Hält sich 2 Tage im Kühlschrank.

Fenchelquiche

Milchbildend, entspannend.

Hauptmahlzeit:
einfach, braucht Zeit. Ruhezeit ca. 30 Minuten.

Zutaten für 4 Personen:
Für den Teig: 100 g Butter • 150 g Weizenvollkornmehl
100 g Hafermehl • ½ Tl gemahlener Koriander •
½ Tl Kümmel • ½ Tl Piment • Salz •
6 El kaltes Wasser
Für die Füllung: 600 g Fenchel (ca. 3 Knollen) •
50 g Parmesan • 1 Bund Dill • 2 Eier •
500 ml saure Sahne • Salz • Pfeffer

Zubereitung:
Teig: Die Butter schmelzen, aber nicht bräunen lassen. Weizenmehl, Hafermehl und die Gewürze in einer Schüssel mischen. Die geschmolzene Butter über das Mehl träufeln und die Zutaten zwischen den Fingern reiben. Das Wasser dazugießen und alles rasch zu einem glatten Teig verkneten. Den Teig zu einer Kugel formen, in Frischhaltefolie wickeln und 30 Minuten kalt stellen.

Den Teig auf 28–30 cm Durchmesser ausrollen. Die Form damit auslegen, einen 2 cm hohen Rand formen und den Teigboden mit einer Gabel mehrmals einstechen. Im vorgeheizten Backofen 20 Minuten bei 220 °C vorbacken.

Füllung: Die Fenchelknollen waschen und putzen, vierteln und in wenig Wasser ca. 12–15 Minuten bißfest garen. Parmesan fein reiben. Dill waschen, trockentupfen und fein hacken. Alles mit den Eiern und der sauren Sahne verquirlen. Die Fenchelknollen auf dem vorgebackenen Teigboden verteilen, mit Salz und Pfeffer würzen und mit der Eisahne übergießen. Im vorgeheizten Backofen bei 220 °C ca. 25–30 Minuten backen.

Tip: schmeckt auch kalt.
Läßt sich bei schwacher Hitze im Ofen aufwärmen.
Abdecken mit Alufolie.
Tip: hält sich im Kühlschrank 4 Tage.

Überbackener Fenchel

Reich an Vitamin K.

Zwischenmahlzeit: schnell, einfach.

Zutaten für 2 Personen:
2 Fenchelknollen • Salz • Pfeffer • 60 g Parmesan •
60 g Semmelbrösel • 2 Tl abgeriebene Zitronenschale

Zubereitung:
Die Fenchelknollen waschen und putzen, vierteln und in wenig Wasser ca. 12–15 Minuten bißfest garen und in eine gefettete Auflaufform geben. Mit Salz und Pfeffer würzen. Parmensan fein reiben und mit den restlichen Zutaten vermischen und den Fenchel damit bestreuen.

Im vorgeheizten Backofen bei 220 °C etwa 10 Minuten überbacken, bis die Oberfläche goldbraun ist.

Fenchel überbacken mit Käsesoße Mornay

Hauptmahlzeit: einfach, schnell.

Vorbereiten:
Fenchelgemüse und die Soße bereits am Vorabend kochen und im Kühlschrank aufbewahren. Am nächsten Tag die Zutaten nur noch in eine Auflaufform zum Überbacken geben.

Zutaten für 2 Personen:
4 Knollen Fenchel • 30 g Butter • 25 g Mehl • 400 ml Milch • 150 g Käse (z. B. Gruyère, Parmesan) • 1 Eigelb • 4–5 El Sahne • Salz • Pfeffer • Worcestershiresoße

Zubereitung:
Den Fenchel putzen, der Länge nach halbieren und ca. 15 Minuten in kochendem Wasser kochen. Fenchel herausnehmen und gut abtropfen lassen.

Die Butter in einem kleinen Topf bei mittlerer Hitze schmelzen, bis sie nicht mehr schäumt. Mehl hinzufügen und gut verrühren. Den Topf von der Kochstelle nehmen und noch ca. 1 Minute weiterrühren. Den Topf mit der Schwitze erneut aufstellen und die Milch unter Rühren nach und nach dazugießen. So lange rühren, bis eine glatte Soße entstanden ist. Diese unter ständigem Rühren ca. 5 Minuten bei schwacher Hitze leicht durchkochen lassen, Käse fein reiben und unter Rühren darin auflösen. Das Eigelb mit der Sahne in eine kleine Schüssel geben und gut verrühren. 4–5 Eßlöffel heiße Soße dazugeben, unterrühren und die Mischung in die Soße geben.

Die Soße von der Kochstelle nehmen und nochmals gut durchrühren.

Mit Salz, Pfeffer und ein paar Tropfen Worcestershiresoße abschmecken.

Die Fenchelhälften in eine feuerfeste Auflaufform legen. Die Käsesoße Mornay darübergießen und im vorgeheizten Ofen bei 220 °C ca. 15 Minuten goldbraun überbacken.

Dazu paßt:

Kartoffeln mit dem Fenchel zusammen überbacken,
dazu Möhrenrohkost.

Fenchel mit grüner Soße

Zwischenmahlzeit: schnell, einfach.
Hauptmahlzeit: mit Kartoffeln.

Zutaten für 2 Personen:
2 Fenchelknollen • 2 Bund glatte Petersilie •
20 g Gewürzgurken • 1 El Kapern •
1 grüne Paprikaschote • 1 El Semmelbrösel • Salz •
Pfeffer • 3 El Weißweinessig • $\frac{1}{4}$ l Olivenöl

Zubereitung:

Die Fenchelknollen waschen, putzen, halbieren und in wenig Wasser ca. 15 Minuten bißfest garen.

Inzwischen Petersilie waschen, trockentupfen, Blätter von den Stengeln zupfen und fein hacken. Gewürzgurken, Kapern und die grüne Paprikaschote ebenfalls fein hacken und gut miteinander vermischen. Die Semmelbrösel hinzufügen und mit Salz und Pfeffer würzen. Essig und Olivenöl darunterrühren. Nochmals alle Zutaten sehr gut vermischen.

Die Soße wird über den heißen Fenchel gegeben.

Lachsstreifen mit Sesam auf Endiviengemüse

Kerbel fördert den Milchfluß.

Hauptmahlzeit: einfach, braucht etwas Zeit.

Zutaten für 4 Personen:
400 g Lachsfilet • 1 El Sojasoße • 1 Msp Sambal Oelek
2 Eier • 2 El Kartoffelstärke • 80 g Sesamkörner •
1 Kopf Endiviensalat • 1 Bund Kerbel • 6 El Erdnußöl
oder ein anderes aromatisches Öl • 1 Tl Weißweinessig
• 50 g kalte Butter • Salz • Pfeffer

Zubereitung:

Die Lachsfilets waschen, trockentupfen und in ca. 3 cm lange Streifen schneiden. Die Sojasoße mit dem Sambal Oelek und Salz verrühren. Die Fischstreifen vorsichtig darin wenden. Die Eier mit der Kartoffelstärke verquirlen. Die Fischstücke auch darin und zuletzt in den Sesamkörnern wälzen.

Den Endiviensalat putzen, in feine Streifen schneiden, waschen und trockenschleudern. Den Kerbel waschen, trockentupfen und die Blätter von den Stengeln zupfen. 3 El Erdnußöl bei mäßiger Hitze in einer Pfanne erhitzen. Die Lachsstücke beidseitig ca. 2 Minuten braun braten. Anschließend herausnehmen und warm stellen. Das Öl abgießen.

Das restliche Öl nochmals in der Pfanne erhitzen. Die Endivienstreifen mit dem Essig ca. 1 Minute dünsten, mit Salz und Pfeffer abschmecken. Die Butter in kleinen Stückchen darunterrühren. Den Lachs auf dem Gemüse anrichten und mit dem Kerbel garnieren.

Seelachslasagne mit Mangold

Seefisch enthält viel Jod, Eiweiß und Vitamin B_6. Gut für die Vitamin-D-Bildung.

Hauptmahlzeit: raffiniert, braucht etwas Zeit.

Vorbereiten:
läßt sich schon in der Schwangerschaft vorbereiten und dann einfrieren.

Zutaten für 4 Personen:
800 g Blattmangold oder Spinat (oder 2 Pkt. tiefgekühlter Blattspinat) • 40 g Butter • 3 El Mehl • 250 g Sahne • 150 ml Milch • Salz • Pfeffer • 1 Zehe Knoblauch • Muskatnuß • 1 Bund Basilikum • 400 g Seelachsfilet • 2 El Zitronensaft • 200 g Lasagneblätter • 50 g Brennesselgouda

Zubereitung:
Mangold oder Spinat verlesen und gründlich waschen (dicke Stiele herausschneiden), im siedenden Salzwasser ca. 1 Minute blanchieren und gut abtropfen lassen. Butter bei schwacher Hitze in einem Topf schmelzen, Mehl darin anschwitzen und unter Rühren nach und nach mit Sahne und Milch ablöschen. Mit Salz, Pfeffer, durchgepreßtem Knoblauch und Muskatnuß würzen und ca. 5 Minuten köcheln lassen, bis die Soße bindet. Basilikum waschen, trockentupfen, die Blätter von den Stengeln zupfen, grob zerpflücken und zu der Soße geben.

Seelachsfilet in ca. ½ cm dicke Scheiben schneiden, mit Zitronensaft beträufeln und salzen. Eine feuerfeste Auflaufform einfetten. Abwechselnd Soße, Lasagneblätter, Mangold und Seelachs in die Form schichten, bis alle Zutaten verbraucht sind. Die oberste Schicht sollte aus der Soße bestehen. Mit geriebenem Brennesselgouda bestreuen. Im vorgeheizten Backofen bei 200 °C ca. 30 Minuten backen.

Gefüllte Mangoldröllchen

Hirse ist ein hervorragender Eisenlieferant, also eine gute Alternative zu Fleisch. Außerdem stärkt sie Haut und Haare.

Hauptmahlzeit: raffiniert, braucht etwas Zeit.

Vorbereiten: Die Füllung läßt sich schon am Abend vorher zubereiten.

Zutaten für 2 Personen:
$\frac{3}{8}$ l Gemüsebrühe • 200 g Hirse • 125 g Champignons • 10 g Butter oder Margarine • 80 g Frischkäse • Curry • 800 g Mangold • 6 El Crème fraîche • 1 El Tomatenmark • Kräutersalz

Zubereitung:
Gemüsebrühe zum Kochen bringen. Die heiß abgespülte Hirse hineinschütten, einmal kurz aufkochen lassen, dann ca. 15–20 Minuten quellen lassen.

Inzwischen die Champignons in feine Scheiben schneiden. In einer Pfanne das Fett erhitzen und die Champignons kurz andünsten. Mit der gequollenen Hirse und dem Käse vermengen. Mit Salz und Curry abschmecken.

Mangold putzen, dabei die Stiele von den Blättern trennen. Zunächst die Blätter kurz in kochendem Wasser blanchieren, kurz in kaltes Wasser legen und dann auf einem Küchentuch abtropfen lassen. Danach mit den Stielen ebenso verfahren.

Mangoldblätter halbieren und die Mittelrippe herausschneiden. Die Hirsemasse auf den Blättern verteilen und zu kleinen Röllchen aufwickeln. Crème fraîche mit dem Tomatenmark verrühren, die Stiele hinzufügen und salzen. Die Röllchen in eine gefettete Auflaufform legen, mit der Tomaten-Crème-fraîche begießen und bei 175 °C ca. 20 Minuten garen.

Variationen:

Mangold läßt sich fast beliebig füllen. So können die Champignons durch Schafskäse (z. B. in Olivenöl und Kräuter eingelegt) ersetzt werden. Dazu muß der Schafskäse mit der Gabel zerdrückt werden, er wird dann im weiteren Rezept behandelt wie die gedünsteten Pilze.

Auch Hackfleisch oder Tofu in Kräutern bietet sich als Alternative zu den Pilzen an.

Winter

Winter

	Freiland	Gewächshaus	Lagerware
Gemüse	Schwarzwurzel, Grünkohl, Rosenkohl, *rote Bete*, Knollensellerie, *Möhren, Pastinaken, Feldsalat*	*Chicorée, Sojasprossen, Radicchio, Austernpilze*	Sellerie, Steckrüben, *Salatgurke, Avocados*
Obst			Birnen, Äpfel, *Orangen*, später Rhabarber
Kräuter		*Basilikum, Koriander, Dill, Kresse, Petersilie*	

Orangen-Avocado-Salat

Zwischenmahlzeit: geht schnell.

Zutaten für 2 Personen:
1 Avocado • 2 Tl Zitronensaft • 2 Orangen •
2 El Mayonnaise • 1 Tl Honig • Salz • Pfeffer •
1 kleiner Kopf Radicchio

Zubereitung:

Die Avocados schälen, halbieren, entkernen, in ca. 1 cm dicke Spalten schneiden und mit 1 Tl Zitronensaft beträufeln. 1 ½ Orangen so dick schälen, daß auch die weiße Haut entfernt wird. Danach die Filets aus der Haut herausschneiden, dabei den Saft auffangen, eventuell vorhandene Kerne entfernen. Für die Soße die Mayonnaise mit dem Saft der restlichen ½ Orange und 1 Tl Zitronensaft mischen, mit Honig, Salz und Pfeffer abschmecken. Radicchio-Blätter waschen, trockentupfen und in kleine Stücke zupfen. Zusammen mit Avocado- und Orangenspalten anrichten und mit Soße übergießen.

Variation:

Statt Radicchio kann man auch Chicorée nehmen.

Tip: Die Soße läßt sich in größeren Mengen vorbereiten und im Kühlschrank gut verschlossen ca. 1 Woche aufbewahren.

Austernpilze mit Walnüssen auf Wintersalat

Nüsse sind gute Vitamin-K-Lieferanten.

Hauptmahlzeit: einfach, das Putzen der Pilze dauert ein bißchen.

Zutaten für 4 Personen:
1 Ei • 1 El Nußöl (z. B. Walnußöl) • 1 Tl Dijon-Senf • 1 Zehe Knoblauch • 1 Tl Balsamico-Essig • Salz • frisch gemahlener Pfeffer • 2 Möhren • 30 g Walnüsse • 300 g Feldsalat • 50 g Rauke • 1 kg Austernpilze • 1 El Butterschmalz

Zubereitung:
Das Ei hart kochen und fein hacken. Aus Öl, Senf, gepreßtem Knoblauch und Essig eine Marinade herstellen, mit dem Ei vermischen und mit Salz und Pfeffer abschmecken. Die Möhren waschen, schälen und grob raspeln. Die Walnüsse grob hacken. Beide Zutaten zur Marinade geben. Feldsalat und Rauke vorsichtig waschen und verlesen; erst unmittelbar vor dem Servieren mit den anderen Zutaten vermischen.

Die Austernpilze mit einem Küchentuch putzen und eventuell halbieren. Fett in einer großen Pfanne erhitzen. Die Pilze nacheinander knusprig anbraten. Den marinierten Salat auf vier Teller verteilen. Die gebratenen Pilze darauf anrichten.

Dazu paßt: Reis (besonders lecker ist Wildreis)

Tip: Die Marinade hält sich ein paar Tage im Kühlschrank.

Sprossen-Wintersalat

Sprossen enthalten besonders viele Vitamine, Mineralstoffe und leicht verdauliche Fett- und Eiweißsubstanzen. Man kann sie auch leicht selbst ziehen. Dafür gibt es im Bio-Laden, Reformhaus, Versandhandel oder im Gartenfachgeschäft spezielle «Gewächshäuser» oder Gläser.
Dieser Salat ist reich an Vitamin B_6.

Zwischenmahlzeit: einfach, schnell.

Zutaten für 4 Personen:
250 g rote Bete • 1 El Obstessig • Zucker •
125 g Sojasprossen • 200 g Feldsalat • 100 g Radicchio •
1 Salatgurke • 100 g Crème fraîche •
300 ml Dickmilch • 2 El Rote-Bete-Saft • ½ Tl Honig •
½ Bund Dill

Zubereitung:
Rote Bete in Wasser mit etwas Essig und einer Prise Zucker ca. 60 Minuten garkochen. Mit kaltem Wasser abschrecken und die Schale abziehen. Die Sprossen waschen und trockentupfen. Die Blattsalate waschen, trocknen und in kleine Stücke zupfen. Die Gurke schälen und mit der roten Bete in dünne Stifte schneiden.

Für die Marinade Crème fraîche, Dickmilch, Rote-Bete-Saft und Honig in einer kleinen Schüssel glattrühren. Den Dill waschen, trocknen und kleinschneiden und unter die Marinade heben.

Blattsalate, Sprossen, Gurken- und Rote-Bete-Stifte auf vier Teller verteilen und mit der Marinade begießen.

Tip: Salatsoße hält sich 4 Tage im Kühlschrank.

Orangen-Möhren-Rohkost mit Buttermilchsoße

Ein Vitamin-C-Knüller.

Zwischenmahlzeit: ganz einfach.
Hauptmahlzeit: mit Eisbergsalat und Putenbruststreifen.

Zutaten für 2 Personen:
300 g Möhren • 2 Orangen • 3 El Zitronensaft •
½ Tl Ahornsirup oder Honig • 6 El Buttermilch •
2 El Sonnenblumenöl • Salz • 40 g gesalzene Erdnüsse

Zubereitung:
Die Möhren waschen, schälen, grob raspeln und mit 2 Eßlöffeln Zitronensaft beträufeln. Die Orangen so dick schälen, daß auch die weiße Haut entfernt wird. Danach die Filets aus der Haut herausschneiden. Dabei den Saft auffangen, eventuell vorhandene Kerne entfernen. Die Orangenfilets halbieren und unter die Möhren mischen. Orangensaft, Zitronensaft, Ahornsirup und Buttermilch verrühren und nach und nach das Öl dazugeben, bis eine cremige Soße entstanden ist. Mit Salz würzen. Die Soße und die gesalzenen Erdnüsse über den Salat geben.

Tip: Super für den Hunger zwischendurch.
Tip: Die Soße hält sich ein paar Tage im Kühlschrank.

Möhrensoufflé

Hauptmahlzeit: raffiniert, wie alle Soufflés.

Zutaten für 4 Personen:
500 g Möhren • 5 El Butter • ¼ l Gemüsebrühe •
1 Bund glatte Petersilie • 20 g Mehl • ¼ l Milch •
50 g Appenzellerkäse • Salz • Pfeffer • Muskat •
5 Eigelb • 5 Eiweiß

Zubereitung:
Die Möhren waschen, schälen, in grobe Stücke schneiden und in 2 Eßlöffeln Butter kurz andünsten. Die Gemüsebrühe zugießen und ca. 20 Minuten garen. Abgießen und das Gemüse pürieren. Petersilie waschen, trockentupfen, Blätter von den Stengeln zupfen und fein hacken und unter das Möhrenpüree mischen. Die restliche Butter bei schwacher Hitze schmelzen. Das Mehl unterrühren und goldgelb anschwitzen. Die Milch langsam mit dem Schneebesen unterschlagen. Die Soße unter Rühren 5 Minuten köcheln lassen, bis sie ganz dick ist. Den Käse und das Möhrenpüree untermischen, mit Salz, Pfeffer und Muskat würzen. Die Masse abkühlen lassen. Eigelbe nacheinander unter die abgekühlte Masse unterrühren. Eiweiß mit etwas Salz sehr steif schlagen und vorsichtig unterheben. Die Sofflémasse in die Form füllen. Im vorgeheizten Backofen bei 200 °C auf die Mitte des Rostes stellen und 30 Minuten backen. Wichtig ist, daß der Backofen während des Backens nicht mehr geöffnet wird!

Dazu paßt: Feldsalat.

Möhrengnocchi mit Kresse-Mascarpone

Hauptgericht:
raffiniert, braucht etwas Zeit. Lassen Sie sich damit einmal verwöhnen!

Vorbereiten:
Der Teig hält sich über Nacht im Kühlschrank. Er muß allerdings mit Frischhaltefolie gut abgedeckt werden.

Zutaten für 4 Personen:
300 g mehlig kochende Kartoffeln • 150 g Magerquark • 4 Eigelb • 100 g Mehl • 60 g Parmesan • 200 g Möhren • Salz • Muskat • 200 g Mascarpone • 1 Schale Kresse • Pfeffer • Zitronensaft

Zubereitung:
Die Kartoffeln in Salzwasser ca. 20 Minuten gar kochen. Wasser abgießen und unter Schütteln des offenen Topfes die Kartoffeln auf dem Herd sorgfältig trockendämpfen. Abgekühlte Kartoffeln pellen und durch ein Sieb streichen oder durch eine Kartoffelpresse drücken. Kartoffeln, abgetropften Quark, Eigelb, Mehl und Parmesan mit den Knethaken des Handrührers zu einem Teig verkneten. Teig etwa 30 Minuten ruhen lassen.

Inzwischen Möhren waschen, schälen und in grobe Stücke schneiden. In wenig Wasser ca. 15 Minuten gar kochen. Wie die Kartoffeln trockendämpfen und pürieren. Möhrenpüree zu dem Gnocchi-Teig geben, gut verrühren und kräftig mit Salz und Muskat würzen. Wenn der Teig sehr klebt, noch etwas Mehl zugeben. Teig auf einer bemehlten Arbeitsfläche zu fingerdicken Rollen formen und in etwa 2 cm lange Stücke schneiden. Jedes Stück mit der Rückseite einer Gabel etwas plattdrücken, so daß das typische Rillenmuster entsteht. Gnocchi portionsweise in reichlich kochendes Salzwasser geben und ca. 7 Minuten sieden lassen. Mit einer Schaumkelle herausnehmen und abtropfen lassen. Für die Soße den Mascarpone bei schwacher Hitze unter Rühren erwärmen. Kresse zum geschmolzenen Mascarpone geben. Mit Salz, Pfeffer und einigen Tropfen Zitronensaft abschmecken.

Tip: Statt Möhren kann man auch rote Bete oder Spinat nehmen.

Tip: Der fertige Teig läßt sich auch einfrieren.

Möhrengratin mit Gorgonzola

Hauptmahlzeit: schnell, einfach.

Zutaten für 4 Personen:
750 g Möhren • Zucker • 2 Bund Basilikum (oder getrocknet 2 Tl) • 300 g geräucherte Putenbrust in Scheiben • 100 g Gorgonzola • 200 g Sahne • Salz • frisch gemahlener Pfeffer

Zubereitung:
Die Möhren waschen, schälen und der Länge nach vierteln. In wenig Wasser mit einer Prise Zucker ca. 20 Minuten bißfest garen. Basilikum waschen, trocknen und in kleine Stücke zupfen. Die geräucherte Putenbrust in Streifen schneiden. Den Gorgonzola in kleine Stücke schneiden. In einem kleinen Topf bei schwacher Hitze die Sahne zum Kochen bringen und den Käse darin schmelzen. Mit Salz und Pfeffer gut abschmecken. In eine gefettete feuerfeste Form Möhren, Basilikum und Putenbrust schichten und mit der Soße übergießen. Im vorgeheizten Backofen bei 200 °C ca. 20–25 Minuten überbacken.

Dazu passen: Kartoffeln.

Tip: Sie können auch Spinat mit der Soße überbacken.

Glasierte Möhren mit Honig und Tofu

Hauptmahlzeit: einfach, schnell.

Zutaten für 2 Personen:
1 kg Möhren • 1 Bund frischen Koriander (wahlweise getrocknet) • 2 El Butter • 1 El Honig • 10 g Pinienkerne • 400 g Tofu • 1 kleines Stück Ingwerwurzel (wahlweise Ingwerpulver) • 2 El Öl • Salz • Pfeffer

Zubereitung:

Möhren waschen und schälen und in dünne Scheiben schneiden. Den Koriander waschen, trockentupfen und die Blätter von den Stengeln zupfen. Butter in einer Pfanne erhitzen. Den Honig zusammen mit 2 El Wasser hineingeben und aufkochen lassen. Die Möhren darin ca. 5 Minuten glasig dünsten.

Den Koriander und die Pinienkerne hinzufügen. Mit Salz und Pfeffer abschmecken. Den Tofu in Scheiben schneiden. Den Ingwer schälen und in ganz feine Würfel schneiden. Das Öl in einer Pfanne bei mäßiger Hitze erhitzen. Ingwer ca. 1 Minute darin dünsten. Dann den Tofu hinzufügen und ca. 3 Minuten goldbraun anbraten, danach würzen.

Mit den Möhren zusammen servieren.

Dazu paßt: Vollkornreis und / oder Joghurtdip (siehe Seite 100).

Möhren-Mandel-Laib mit Currysoße

Olaf schmeckten die kalten Möhren-Mandel-Scheiben so gut, daß er sie auch heute noch gerne als «Frühstücksbrot» mit zur Arbeit nimmt.

Hauptmahlzeit: einfach, braucht etwas Zeit.
Zwischenmahlzeit: am nächsten Tag, kalt.

Zutaten für 4 Personen:
225 g Möhren • 1 Bund Petersilie • 100 g Mandeln, blättrig geschnitten • 275 g Vollkornsemmelbrösel • 2 Eier • 3 El Zitronensaft • Salz • Pfeffer • Muskat • 2 Eigelb • 1 Ei • 75 g weiche Butter • 4 El Gemüsebrühe • 1 Tl milder Curry

Zubereitung:

Möhren waschen, schälen und grob reiben. Petersilie waschen, trockentupfen und fein hacken. Mandeln in einer Pfanne bei schwacher Hitze vorsichtig rösten. Möhren und Petersilie mit den Mandeln vermischen. Semmelbrösel, Eier und 1 El Zitronensaft hinzufügen und alles gut vermischen. Mit Salz, Pfeffer und Muskat gut würzen. Etwas Wasser nachgießen, falls die Masse zu trocken sein sollte.

Die Masse in eine Kastenform füllen und im vorgeheizten Ofen bei 200 °C ca. 45 Minuten backen. Der Laib ist fertig, wenn er gut gebräunt ist und eine Messerklinge, die man in den Laib sticht, sauber wieder herauskommt.

Inzwischen für die Soße zimmerwarmes Eigelb, Ei, 2 El Zitronensaft, Butter und Gemüsebrühe in eine Schüssel geben und mit einem Handrührgerät auf niedrigster Schaltstufe gut verrühren.

Die Schüssel in ein heißes Wasserbad stellen und mit dem Rührgerät auf niedrigster Stufe ca. 2–3 Minuten weiterrühren, bis die Soße anfängt zu binden.

Die Schüssel aus dem Wasserbad nehmen, sobald die Soße vollständig gebunden ist.

Curry dazugeben und mit dem Handmixer bei höchster Schaltstufe luftig aufschlagen. Mit Zitronensaft abschmecken.

Variante: Aus dem Teig lassen sich auch Frikadellen formen, die dann mit etwas Fett in der Pfanne gebraten werden, bis sie goldgelb sind.

Tip: Die Soße wirkt zwar komplizierter, als sie tatsächlich ist – wer aber Bedenken hat: eine fertige Sauce hollandaise kaufen und mit Curry würzen.

Variante: Joghurt mit Crème fraîche verrühren. Schnittlauch dazugeben. Mit Zitronensaft, Salz und Pfeffer würzen.

Tip: Sowohl die Scheiben des Laibes als auch die Frikadellen schmecken kalt am nächsten Tag immer noch sehr lecker.

Spinat-Pastinaken-Möhren-Topf

Reich an Folsäure. Zusammen wirken Spinat und Möhren abwehrstärkend.

Hauptmahlzeit: einfach, braucht etwas Zeit, 1½ Stunden Backzeit.

Vorbereiten:
Die Pastinaken und Möhren lassen sich gut schon am Vortag oder Vormittag zubereiten und im Kühlschrank aufbewahren.

Zutaten für 4 Personen:
500 g Spinat • 10 g Butter • 500 g Pastinaken • 500 g Möhren • 50 g Butter • 50 g Mehl • 420 ml Milch • 3 Eier • 2 El Vollkornsemmelbrösel • 2 El Parmesan • 1 Bund Petersilie • Salz • Pfeffer • Muskat

Zubereitung:
Den Spinat putzen und gut waschen. Butter in einem Topf bei mäßiger Hitze erhitzen, Spinat hinzufügen und zusammenfallen lassen. Spinat herausnehmen und abtropfen lassen. Pastinaken und Möhren waschen, schälen und kleinschneiden. Beide Gemüsesorten jeweils ca. 8–10 Minuten in wenig kochendem Wasser kochen. Gut abtropfen lassen.

Für die Soße die Butter in einem kleinen Topf bei mittlerer Hitze schmelzen, bis sie nicht mehr schäumt. Mehl hinzufügen und gut verrühren. Den Topf von der Kochstelle nehmen und noch ca. 1 Minute weiterrühren. Den Topf mit der Schwitze erneut aufstellen und die Milch unter ständigem Rühren nach und nach dazugießen, bis eine glatte Soße entstanden ist. Ca. 8 Minuten bei schwacher Hitze leicht durchkochen lassen, dabei weiterrühren. Mit Salz, Pfeffer und Muskat würzen. Die drei Gemüsesorten in drei Schüsseln geben und die Soße auf die Schüsseln verteilen. Je ein Ei dazugeben und gut untermischen.

Zuerst die Spinat-, dann die Pastinakenmischung und zuletzt die Möhrenmasse in eine gefettete Auflaufform füllen. Semmelbrösel und geriebenen Parmesan vermengen und darüberstreuen. Im vorgeheizten Ofen bei 150 °C 1 ½ Stunden backen. Petersilie waschen, trockentupfen, Blätter von den Stielen zupfen und grob hacken. Den Spinat-Pastinaken-Möhren-Topf damit bestreuen.

Dazu paßt: deftiges Bauernbrot oder Vollkornbaguette.

Pastinakenplätzchen

Hauptmahlzeit: einfach, braucht etwas Zeit.

Vorbereiten:
am Vorabend oder Vormittag die Kartoffeln kochen und stampfen / zerdrücken, Pastinaken und Möhren waschen.

Zutaten für 2 Personen:
150 g mehlig kochende Kartoffeln • 250 g Pastinaken • 2 Möhren • 100 g Emmentalerkäse • 1 Bund glatte Petersilie • 2 Eier • 4 El Mehl • 1 Tl Honig • ½ Tl gemahlener Koriander • Salz • Pfeffer • 3 El Öl

Zubereitung:
Kartoffeln mit der Schale gar kochen, abkühlen lassen, pellen und mit einem Kartoffelstampfer fein zerdrücken. Die Pastinaken und Möhren waschen, schälen und fein reiben. Käse grob reiben. Petersilie waschen, trockentupfen und fein hacken. Alle Zutaten bis auf das Öl miteinander

sehr gut vermischen und kräftig abschmecken. Der Teig sollte gut formbar sein. Je nachdem, ob der Teig zu weich oder zu fest ist, noch etwas Mehl bzw. Wasser hinzufügen.

Aus dem Teig mit bemehlten Händen ca. 1 cm dicke und 4 cm lange Plätzchen formen. Das Öl in einer Pfanne bei mäßiger Hitze erhitzen und die Plätzchen darin von beiden Seiten goldbraun braten.

Dazu paßt: Spinat mit Rosinen und Pinienkernen.

Rote-Bete-Salat mit Joghurt

Reich an Folsäure, günstige Kombination von Eisen
und Vitamin C, zur besseren Eisenverwertung.

Zwischenmahlzeit: einfach, schnell.

Zutaten für 4 Personen:
300 g junge rote Bete • 2 Äpfel (z. B. Cox Orange) •
250 g Joghurt • Salz • Zucker • 3 El Mayonnaise •
Saft von 1 Zitrone • 2 Tl geriebener frischer
Meerrettich (ersatzweise 1 Tl aus dem Glas)

Zubereitung:

Die rote Bete putzen, waschen, in dünne Scheiben schneiden. Äpfel schälen, entkernen und in dünne Spalten schneiden. Aus Joghurt, Salz, Zucker, Mayonnaise, Zitronensaft und Meerrettich eine Soße anrühren. Rote-Bete-Scheiben und Apfelspalten mischen und mit der Soße übergießen.

Rote-Bete-Suppe mit saurer Sahne

Zwischenmahlzeit: einfach, schnell.
Hauptmahlzeit: mit Kartoffeln.

Zutaten für 4 Personen:
150 g Möhren • 150 g Knollensellerie • 1 El Pflanzenöl • 0,35 l Gemüse-Hefebrühe (aus dem Reformhaus) • 1 Lorbeerblatt • 1 Nelke • 400 g frische rote Bete • 0,25 l Rote-Bete-Saft • 1 Zitrone (Saft) • Salz • Pfeffer • 1 Bund Schnittlauch • 1 Becher saure Sahne (150 g)

Zubereitung:
Möhren und Sellerie putzen, waschen und kleinschneiden. Öl in einem großen Topf erhitzen. Möhren kurz andünsten. Mit Gemüsebrühe auffüllen, Lorbeerblatt und Nelke zugeben und ca. 10 Minuten bei schwacher Hitze köcheln lassen.

Rote Bete schälen und kleinschneiden. Mit dem Rote-Bete-Saft zu dem Gemüse geben und weitere 3 Minuten köcheln lassen. Topf vom Herd nehmen, Lorbeerblatt herausnehmen und Inhalt mit einem Pürierstab pürieren. Mit Zitronensaft, Salz und Pfeffer abschmecken.

Schnittlauch waschen, trockentupfen und in feine Röllchen schneiden. Mit der sauren Sahne verrühren und zur Suppe servieren.

Tip: Die Suppe läßt sich durch zusätzliche Gemüsebrühe verlängern.

Rote Bete mit Walnußsoße

Hauptmahlzeit: einfach, schnell.

Zutaten für 4 Personen:
4 große rote Bete • Essig • Zucker • 100 g Frischkäse •
100 ml Gemüsebrühe • 100 ml Sahne •
100 g Walnußkerne • Salz • Pfeffer •
Saft von ½ Zitrone

Zubereitung:
Rote Bete in Wasser mit etwas Essig und einer Prise Zucker ca. 60 Minuten gar kochen. Mit kaltem Wasser abschrecken und die Schale abziehen. Für die Soße den Frischkäse mit Gemüsebrühe und Sahne bei schwacher Hitze erwärmen. Walnußkerne fein hacken und unter die Soße rühren. Soße mit Salz, Pfeffer und Zitronensaft abschmecken. Rote Bete in Scheiben schneiden und mit der Soße anrichten.

Dazu paßt: Feldsalat mit einer Walnußöl-Vinaigrette und Baguette.

Maultaschen mit Rote-Bete-Meerrettich-Füllung

Hauptmahlzeit: raffiniert, braucht Zeit.

Variationen:
auch mit Fenchel-Füllung sehr lecker, dann statt Meerrettich Dill nehmen.

Zutaten für 4 Personen:
300 g Weizenmehl • ½ Tl Salz • 3 Eier • 1 El Olivenöl • 2 El lauwarmes Wasser • 400 g rote Bete • 1 El Butter • 1 El Meerrettich • 1 El Crème fraîche • Pfeffer

Zubereitung:
Mehl und Salz in einer Schüssel mischen. Eier, Öl und Wasser dazugeben und mit den Knethaken des Handrührers zu einem glatten, geschmeidigen Teig verkneten. Der Teig sollte nicht an den Händen kleben. Bei Bedarf noch etwas Mahl hinzufügen. Teig etwa 30 Minuten ruhen lassen. Inzwischen die rote Bete schälen und fein raspeln. Die Butter in einem Topf bei schwacher Hitze schmelzen und die rote Bete darin ca. 5 Minuten dünsten. Topf von der Kochstelle nehmen, etwas abkühlen lassen, Meerrettich und Crème fraîche untermischen. Mit Salz und Pfeffer gut abschmecken. Den Nudelteig noch einmal durchkneten und in Portionen teilen. Den Teig auf einer leicht bemehlten Arbeitsfläche zu dünnen Rechtecken (ca. 16 x 18 cm) ausrollen. Die Ränder mit kaltem Wasser bepinseln. Die Teigplatten mit der Füllung belegen, zusammenklappen und die Ränder mit den Zinken einer Gabel fest zusammendrücken. Die Maultaschen portionsweise in reichlich kochendem Salzwasser ca. 3 Minuten sieden lassen.

Im ganzen Jahr

Im ganzen Jahr

	Freiland	Gewächshaus	Lagerware
Gemüse	*Kartoffeln* (Sommer), Weißkohl, Lauch	*Champignons, Tomaten*, Sprossen	*Kartoffeln*, Weißkohl, Wirsing, Rotkohl, *Avocado, Möhren*
Obst	*Äpfel* (Herbst)		*Äpfel*
Kräuter	Petersilie (Spätsommer / Herbst), *Schnittlauch* (Sommer)	*Petersilie, Schnittlauch, Kresse, Thymian, Salbei*	

Grüne Bandnudeln mit Artischockenherzen

Thymian beugt Erkältungskrankheiten vor.

Hauptmahlzeit: ganz einfach, schnell.

Zutaten für 2 Personen:
250 g Sahne • 8 eingelegte Artischockenherzen • 50 g Parmesan • 1 Bund Thymian • Salz • Pfeffer • Muskat • 400 g Bandnudeln

Zubereitung:
Die Sahne in einem Topf bei mittlerer Hitze auf die Hälfte einkochen lassen. Die Artischockenherzen vierteln, zur Soße geben und ca. 1 Minute mitkochen. Parmesan reiben, Thymian grob hacken. Topf von der Herdplatte nehmen und beides unter Rühren in die Soße geben. Mit Salz, Pfeffer und Muskat abschmecken. Bandnudeln in reichlich Salzwasser gar kochen und mit der Soße anrichten.

Tip: Sie können Artischockenherzen auch selbst einlegen. Dazu eine getrocknete Chilischote und etwas Thymian mit Olivenöl verrühren und die Artischockenherzen darin über Nacht marinieren.

Pasta mit Spinat und Pinienkernen

Hauptmahlzeit: einfach, schnell

Zutaten für 2 Personen:
300 g Tiefkühl-Blattspinat • 1 Zwiebel • 1 Knoblauchzehe • 3 El Olivenöl • 5 El Crème fraîche • 20 g Pinienkerne • Salz • Pfeffer • Muskat • 400 g Penne (oder Spaghetti)

Zubereitung:
Spinat auftauen und kleinhacken. Zwiebeln würfeln. Knoblauch in dünne Scheiben schneiden. Pinienkerne in einer Pfanne vorsichtig rösten. Olivenöl bei schwacher Hitze erwärmen. Die Zwiebelwürfel und Knoblauchscheiben darin glasig dünsten. Spinat und Crème fraîche hinzufügen und bei schwacher Hitze ca. 5 Minuten köcheln lassen. Mit Salz, Pfeffer und Muskat kräftig abschmecken. Penne oder Spaghetti in reichlich Salzwasser nach Packungsanweisung kochen. Die Spinatsoße über die Nudeln geben und mit Pinienkernen bestreuen.

Dazu paßt: Tomatensalat.

Gnocchi mit Salbei und geschmolzenem Mozzarella

Salbei in größeren Mengen wirkt abstillend!

Hauptmahlzeit: einfach, schnell.

Zutaten für 2 Personen:
2 Fleischtomaten • 400 g Kartoffelgnocchi aus dem Kühlregal • 125 g Mozzarella • 2 El Butter • 8 Blätter Salbei • Salz • frisch gemahlener Pfeffer • 2 El Olivenöl

Zubereitung:
Fleischtomaten kurz mit siedendem Wasser überbrühen, kalt abschrecken, häuten, halbieren, entkernen und das Fruchtfleisch würfeln. Gnocchi nach Packungsanweisung in Salzwasser garen. Mozzarella in grobe Würfel schneiden. Butter in einer Pfanne schmelzen, die Salbeiblätter darin schwenken. Die abgetropften Gnocchi, Tomaten und Mozzarellawürfel hinzufügen und schwenken, bis der Mozzarella zu schmelzen beginnt. Mit Salz und Pfeffer würzen und mit Olivenöl beträufeln.

Dazu paßt: Salat.

Kartoffelgratin

Zwischenmahlzeit: einfach, braucht zwei Stunden Ruhezeit.
Hauptmahlzeit: mit einem Salat dazu.

Zutaten für 2 Personen:
200 g Sahne • 100 ml Milch • 10 g Butter • 1 Bund Thymian • Salz • Muskat • Cayennepfeffer • 400 g Kartoffeln

Zubereitung:
Sahne, Milch und Butter in einem kleinen Topf bei schwacher Hitze zum Kochen bringen. Thymian waschen, trockentupfen, Blätter von den Stengeln zupfen und zu der Sahne-Milch geben. Mit Salz, Muskat und einem Hauch Cayennepfeffer würzen. Kartoffeln schälen, waschen und mit dem Gemüsehobel oder mit der Küchenmaschine in ganz dünne Scheiben hobeln. Die Kartoffelscheiben in eine Gratinform schichten, mit der Sahne-Milch übergießen und im vorgeheizten Backofen bei 120 °C ca. 2 Stunden überbacken. Falls das Gratin vor Ende der Backzeit braun wird, mit Alufolie bedecken.

Tip: Mit einer Küchenmaschine ist dies ein schnelles Gericht.

Hirsefrikadellen

Hauptmahlzeit: einfach

Vorbereiten:
Die Hirsefrikadellenmasse läßt sich am Abend vorbereiten.

Zutaten für 4 Personen:
1 kleine Zwiebel • 1 El Öl • 125 g Hirse • ½ l Wasser • 1 Bund Petersilie • 2 Eier • 100 g geriebener Käse • 50 g Semmelbrösel • Salz • Pfeffer • 3 El Öl

Zubereitung:
Die Zwiebel in feine Würfel schneiden und in heißem Öl anrösten. Hirse in gesalzenem Wasser kurz aufkochen. Ausquellen und abkühlen lassen. Petersilie waschen, trockentupfen, Blätter von den Stengeln zupfen und fein hacken. Zwiebeln, Eier, Käse, Semmelbrösel und Petersilie mit der Hirse vermengen, mit Salz und Pfeffer würzen. Kleine Frikadellen formen. Von beiden Seiten in einer Pfanne in heißem Öl ca. 7 Minuten bei schwacher Hitze braten.

Dazu paßt: glasierte Möhren (s. Seite 136).

Tip: Mit der Frikadellenmasse kann man Tomaten oder Paprikaschoten füllen.

Tip: Es läßt sich gut die doppelte oder dreifache Menge zubereiten. Die Frikadellen halten sich drei Monate im 3-Sterne-Fach.

Rührei mit Tofu

Zwischenmahlzeit: einfach, schnell.
Hauptgericht: mit Gemüseresten und Kartoffeln vom Vortag.

Zutaten für 2 Personen:
300 g Kräutertofu • 4 El Butter oder Margarine • 4 Eier • Salz • Pfeffer • Schnittlauch

Zubereitung:
Kräutertofu mit einer großen Gabel zerdrücken. Fett in einer Pfanne erhitzen und den zerdrückten Tofu bei starker Hitze ca. 5 Minuten anbraten, bis alle Flüssigkeit verdampft ist. Eier verquirlen und unter Rühren dazugeben. Weiterrühren, bis das Ei stockt. Mit Salz und Pfeffer würzen. Schnittlauch waschen, trockentupfen, in feine Röllchen schneiden und über das Rührei streuen.

Feines Käsesoufflé

Zwischenmahlzeit: raffiniert, braucht etwas Übung.
Hauptmahlzeit: zusammen mit einem Salat.

Zutaten für 4 Personen:
375 ml Milch • Salz • frisch gemahlener Pfeffer • Muskat • 50 g Grieß • 125 g Gruyère • 20 g Butter • Margarine zum Einfetten • 3 Eigelb • 3 Eiweiß

Zubereitung:
Milch in einem Topf mit Salz, Pfeffer und Muskat aufkochen. Unter Umrühren den Grieß hineinrieseln lassen. Bei schwacher Hitze ca. 8 Minuten garen. Den Gruyère fein reiben und mit der Butter zusammen in den Topf hineinrühren. Topf von der Kochstelle nehmen, sobald der Käse geschmolzen ist. Die Masse abkühlen lassen. Eine große Souffléform mit der Margarine einfetten. Eigelb nacheinander in die abgekühlte Grieß-Käse-Masse rühren. Eiweiß mit Salz sehr steif schlagen und vorsichtig unterheben. Die Soufflémasse in die Form füllen. Im vorgeheizten Backofen bei 180 °C auf die Mitte des Rostes stellen und 20 Minuten backen. Wichtig ist, daß der Backofen während des Backens nicht mehr geöffnet wird!

Kalte Avocadosuppe

Zwischenmahlzeit: einfach, schnell.

Zutaten für 4 Personen:
4 reife Avocados • ¼ l Hühnerbrühe (kalt) • ¼ l Sahne • 2 Tl Zitronensaft • Salz • frisch gemahlener Pfeffer • Cayennepfeffer • 1 Bund Schnittlauch oder Dill

Zubereitung:
Die Avocado schälen, halbieren, entkernen und in grobe Stücke schneiden. Zusammen mit der Hühnerbrühe in einer großen Schüssel pürieren. Sahne unterziehen und mit Zitronensaft, Salz, Pfeffer und einem Hauch Cayennepfeffer würzen. Die Schüssel mit einem Deckel verschließen und gut kühlen. Schnittlauch oder Dill waschen, trockentupfen, fein hacken und kurz vor dem Servieren auf die Suppe streuen.

Tip: Die Oberfläche der Suppe kann sich braun verfärben. Dadurch tritt keine geschmackliche Veränderung und kein Qualitätsverlust ein. Wird die Suppe wieder umgerührt, erhält sie sofort ihre grüne Farbe zurück.

Tomatensuppe

Zwischenmahlzeit: einfach und schnell

Vorbereiten:
läßt sich gut vorbereiten, hält sich 2–3 Tage im Kühlschrank und läßt sich auch gut einfrieren.

Zutaten für 4 Personen:
1 Zwiebel • 300 g Kartoffeln • 2 El Öl • 1 Lorbeerblatt • 1 Dose Tomaten (Abtropfgewicht 480 g) • 200 ml Tomatensaft • 250 g Sahne • geriebene Schale einer Zitrone • ½ Tl Oregano (getrocknet) • ½ Tl Basilikum (getrocknet) • Salz • Pfeffer • Zucker

Zubereitung:
Zwiebel und geschälte Kartoffeln in kleine Würfel schneiden. Öl in einem großen Topf erhitzen, die Zwiebel- und Kartoffelwürfel mit dem Lorbeerblatt leicht andünsten. Tomaten und Tomatensaft hinzufügen und ca. 20 Minuten köcheln lassen. Lorbeerblatt herausnehmen, Topf von der Kochplatte nehmen und alles pürieren. Sahne, Zitronenschale und Gewürze hinzufügen und die Suppe nochmals kurz aufkochen lassen. Mit Salz, Pfeffer und einer Prise Zucker abschmecken.

Variation:
Mit einem Schuß Orangensaft verfeinern oder mit Croutons (gerösteten Brotwürfeln) anreichern.

Pilzragout mit Semmelklößen

Vitamin-D-haltig!

Hauptmahlzeit: braucht etwas Zeit.

Vorbereiten:
Die Semmelklöße lassen sich am Tag vorher gut vorbereiten, sie brauchen dann nur noch in kochendes Wasser eingetaucht zu werden.

Zutaten für 4 Personen:
8 altbackene Brötchen • ¼ l Milch •
800 g Champignons • 1 Zitrone • 1 Bund Petersilie •
4 Eier • Salz • 1 Zehe Knoblauch zum Ausreiben
der Pfanne • 3 El Butter oder Margarine •
¼ l Geflügelbrühe • 1 Becher Sahne (200 g) •
frisch gemahlener Pfeffer

Zubereitung:
Die Brötchen in ganz dünne Scheiben schneiden und in eine Schüssel geben. Die Milch erhitzen und über die Brötchenscheiben gießen. Zugedeckt ca. 20 Minuten stehenlassen.

In der Zwischenzeit die Champignons putzen und in dünne Scheiben schneiden. Die Schale der Zitrone abreiben, den Saft auspressen und die Pilzscheiben mit dem Saft beträufeln.

Für die Knödel Petersilie waschen, trockentupfen und sehr fein hacken. Eier mit Salz verrühren und zusammen mit der Hälfte der Petersilie zur Semmelmasse geben. Mit den Händen gut durchkneten.

Den Semmelteig in acht Portionen teilen und mit nassen Händen Knödel formen. In reichlich kochendes Salzwasser geben und bei kleiner Hitze im offenen Topf 15–20 Minuten gar ziehen lassen.

Eine große Pfanne mit Knoblauch ausreiben. Fett erhitzen und die vorbereiteten Champignons darin andünsten, bis fast alle Flüssigkeit verdampft ist. Mit Brühe ablöschen und auf ca. die Hälfte einkochen lassen.

Die Sahne dazugießen, die Zitronenschale hinzufügen und das Pilzragout bei mittlerer Hitze ca. 10 Minuten köcheln. Mit Salz und Pfeffer gut abschmecken.

Die Semmelknödel aus dem Wasser nehmen, abtropfen lassen und auf die Teller legen. Das Pilzragout darauf verteilen und mit der restlichen Petersilie bestreuen.

Tip: Die Semmelklöße halten sich 2 Tage im Kühlschrank. Im 3-Sterne-Tiefkühler halten sie sich 3 Monate.

Desserts

Quarkpüfferchen auf Fruchtmark

Dessert: raffiniert

Zutaten für 2 Personen:
1 Ei • 40 g Zucker • 1 Vanilleschote •
250 g Speisequark (20 Prozent) • 80 g Mehl •
geriebene Schale einer Zitrone • 30 g gemahlene
Haselnüsse • 300 g Tiefkühl-Himbeeren •
2–3 El Ahornsirup oder Honig • 2 El Paniermehl •
Butter

Zubereitung:
Das Ei mit dem Zucker schaumig schlagen. Vanillemark aus der Vanilleschote herauskratzen. Vanillemark, Quark, Mehl, Zitronenschale und gemahlene Haselnüsse hinzufügen und miteinander vermengen. Die Himbeeren mit etwas Wasser aufkochen, pürieren. Durch ein Sieb streichen und mit dem Ahornsirup süßen. Mit einem Teelöffel aus der Quarkmasse kleine Klößchen abstechen, in Paniermehl wenden und zu Püfferchen formen. In einer Pfanne bei mittlerer Hitze in Butter goldgelb backen. Die Püfferchen auf Küchenkrepp geben und überschüssiges Fett abtupfen. Himbeermark auf flache Teller gießen und darauf die Quarkpüfferchen anrichten.

Überbacken Banane

Dessert: einfach, schnell.

Zutaten für 2 Personen:
15 g Butter • 15 g Honig • 2 feste Bananen •
1 El Zitronensaft • 20 g Mandelblättchen

Zubereitung:
Butter und Honig in einem kleinen Topf schmelzen und zu einer sämigen Soße verrühren. Etwas abkühlen lassen, damit die Masse fest wird. Die Bananen halbieren, auf ein mit etwas Alufolie belegtes Backblech legen und mit Zitronensaft beträufeln. Die Masse auf die Bananen streichen. Die Mandelblättchen darüber streuen und bei 270 °C im Backofen 8–10 Minuten backen.

Aprikosencreme

Dessert: schnell, einfach.

Vorbereiten: läßt sich gut am Tag vorher vorbereiten.

Zutaten für 4 Personen:
125 g getrocknete Aprikosen • 100 g Zucker • 6 Blatt Gelatine • 250 g Sahne • 1 Päckchen Vanillinzucker • Walnußkerne

Zubereitung:
Aprikosen mit dem Zucker in wenig Wasser ca. 30 Minuten bei schwacher Hitze weich kochen und mit dem Pürierstab pürieren. Gelatine in etwas kaltem Wasser einweichen, bei schwacher Hitze auflösen und zum Aprikosenpüree geben. Schlagsahne mit Vanillinzucker steif schlagen und unter das Püree heben, sobald dieses zu gelieren beginnt. Die Creme in vier Dessertschalen geben und mit Walnußkernen garnieren. Gut gekühlt servieren.

Dazu paßt: Himbeersoße.

Hollermus

Holunderbeeren sind reich an Vitamin C und Eisen.

Dessert:
Im Frühherbst sind Holunderbeeren reif;
schnell, einfach.

Vorbereiten: am Vortag.

Zutaten für 2 Personen:
125 g reife Holunderbeeren (Fliederbeeren) •
70 g Pflaumen • 60 g Birnen • 20 g Schwarzbrot •
20 g Zucker • 1 Prise gemahlener Zimt

Zubereitung:
Holunderbeeren abstreifen, waschen und gut abtropfen lassen. Pflaumen entsteinen, Birnen schälen, vierteln und die Kerngehäuse entfernen. Schwarzbrot fein schneiden. Das Obst mit wenig Wasser und dem Zucker in einen großen Topf geben, aufkochen lassen, Zimt und feingeschnittene Brotrinde hinzufügen und bei schwacher Hitze zu einem marmeladeähnlichen Kompott verkochen. Gekühlt servieren.

Dazu paßt: Zimteis und / oder Schlagsahne.

Apfelreis

Dessert: paßt gut im Winter, einfach.
Auch lecker als süße *Zwischenmahlzeit.*

Zutaten für 2 Personen:
50 g Langkornreis • 1 geriebene Schale einer Zitrone •
50 g Zucker oder Honig • Salz • 150 ml Milch •
500 g Äpfel (z. B. Boskop) • 15 g Butter •
100 ml Apfelsaft • 2 Eiweiß • 1 El Puderzucker

Zubereitung:

Den Reis mit Zitronenschale, Zucker und Salz ca. 15–20 Minuten in der Milch garen, bis er weich ist. Inzwischen die Äpfel schälen, Kerngehäuse entfernen und in Scheiben schneiden. Eine Schicht Reis in eine tiefe, mit Butter gefettete Auflaufform füllen. Die Hälfte der Äpfel und die Hälfte der Butter in Flöckchen darübergeben. Dann den restlichen Reis und die restlichen Äpfel darüber verteilen. Die übrige Butter in Flocken darübergeben. Mit Apfelsaft begießen. Im vorgeheizten Ofen bei 180 °C 20–30 Minuten garen. Das Eiweiß steif schlagen und den Puderzucker darunterziehen. Den gesüßten Eischnee über den Apfelreis streichen und das Ganze ca. 20 Minuten überbacken, bis die Oberfläche goldgelb ist.

Getränke

Möhren-Fitneß-Trunk

Reich an Eiweiß und Vitamin B_{12}.

Powergetränk: einfach, nicht ganz schnell.
Hierfür brauchen Sie einen Entsafter.

Zutaten für 2 Portionen:
250 g Möhren • 250 g Äpfel • 1 Orange • 1 sehr kleines Stück Ingwerwurzel • Saft von ½ Zitrone • 125 g Kefir • 1 El Bierhefeflocken • ½ Bund Dill

Zubereitung:
Die Möhren unter fließendem Wasser bürsten. Äpfel waschen, vierteln und entkernen. Die Orangen schälen und zerteilen. Möhren, Äpfel und Orange portionsweise im Entsafter auspressen. Ingwer schälen und durch eine Knoblauchpresse pressen. Zitronensaft, Kefir, Ingwer und Bierhefeflocken unterrühren. Dill waschen, trockentupfen und fein hacken. Saft in Gläser füllen und mit Dill bestreuen.

Haselnußkefir

Reich an Vitamin B_{12} und K.

Kleine Leckerei: schnell, einfach.

Zutaten für 2 Personen:
2 El Haselnußmus • 1 Tl Vanillezucker • 500 ml Kefir

Zubereitung:
Haselnußmus, Vanillezucker und Kefir im Mixer vermischen und in zwei Gläser füllen.

Möhren-Apfel-Dickmilch

Calciumreicher Vitamintrunk, milchbildend

Kleine Leckerei: schnell, einfach.

Zutaten für 4 Portionen:
500 ml Dickmilch • Saft von 1 Zitrone • 2 El Honig • 1 säuerlicher Apfel (z. B. Boskop) • 1 Möhre • 250 ml Milch • Kresse

Zubereitung:
Die Dickmilch mit Zitronensaft und Honig verrühren und kalt stellen. Apfel schälen, vierteln und entkernen. Die Möhre waschen, schälen und in grobe Stücke schneiden. Beide Zutaten mit der Milch in einem Mixer pürieren und zusammen mit der Kresse zu der Dickmilch geben.

Bananen-Aprikosen-Becher

Calciumreich, milchbildend. Enthält viel Vitamin B_2.

Kleine Leckerei: schnell, einfach.

Zutaten für 2 Portionen:
2 Bananen • ½ l Milch • 2 Tl Mandelmus •
2–3 El Honig oder Ahornsirup • 1 Msp Zimt •
Saft von 1 Zitrone • 50 g getrocknete Aprikosen •
25 g Mandeln, blättrig

Zubereitung:
Die Bananen schälen und in Stücke brechen. Mit der Milch, Mandelmus, Honig, Zimt und Zitronensaft in den Mixer füllen und alles mixen. Die getrockneten Aprikosen hacken und unterrühren. In Gläsern servieren und mit den Mandeln garnieren.

Tip: Um eine würzige Note zu bekommen, können Sie auch 1 El Bierhefeflocken in die Milch geben, dazu Bierhefeflocken eine Stunde quellen lassen.

Milchbildungstee

Zutaten zu gleichen Teilen:
Fenchelsamen • Anissamen • Koriander •
Brennesselblätter

Zubereitung:
Pro Becher 2 Tl des Gemischs mit kochendem Wasser überbrühen, 10 Minuten zugedeckt ziehen lassen.

Es läßt sich aber auch eine Thermoskanne auf Vorrat für den ganzen Tag kochen. Um einen Liter zuzubereiten, benötigen Sie 4–5 El Tee.

Nicht mehr als einen Liter pro Tag trinken!

Tip: Bewahrt man die Zutaten getrennt auf, können die Samen vor dem Überbrühen im Mörser aufgestoßen werden. Das intensiviert den Geschmack des Tees.

Entspannungstee

Zutaten zu gleichen Teilen:
Lavendel • Melisse • Dill

Zubereitung:
Pro Becher 2 Tl des Gemischs mit kochendem Wasser überbrühen, 10 Minuten zugedeckt ziehen lassen.

Höchstens 2 Becher pro Tag trinken!

Zum Abstillen

Zutaten:
Salbei

Zubereitung:
1 Tl Salbei auf eine Tasse. 5 Minuten ziehen lassen.
2 bis 3 Tassen täglich trinken!

Anhang

Adressen

Stillen

Deutschland
La Leche Liga
Postfach 65 00 96
81214 München
Info-Hotline 0 68 51 / 25 24

Bund Deutscher Laktationsberaterinnen e. V. (BDL)
Elke Sporleder
Delpweg 14
30457 Hannover
Tel. / Fax 05 11 / 46 58 49

Arbeitsgemeinschaft freier Stillgruppen (AFS)
Bundesverband e. V.
Geschäftsstelle:
Gertraudgasse 4
97070 Würzburg
Tel. 09 31 / 57 34 93
Fax 09 31 / 57 34 94
E-mail. AfS-Stillgruppen @ t-online.de

Aktion «Muttermilch ein Menschenrecht»
Maria Merk
Reichsgrafenstr. 4
79102 Freiburg
Tel. 07 61 / 6 21 28
(Kontaktadressen lokaler Gruppen und Muttermilch-Untersuchungsstellen)

Schweiz
La Leche Liga – Schweiz
Postfach 197
8053 Zürich
Tel. 052/2431144

Berufsverband Schweizerischer Stillberaterinnen
Verena Machand
Postfach 686
3000 Bern 25
Tel. 031/3323323
Fax 031/3333187

Österreich
La Leche Liga – Österreich
Postfach
6500 Landek

Verein der Still- und Laktationsberaterinnen (VSLÖ)
Anne Marie Kern
Lindenstr. 20
2362 Biedermannsdorf
(verschickt die Adressenliste der Still- und Laktationsberaterinnen gegen frankiertes und adressiertes Couvert)
Telefonische Auskünfte:
Ilse Bichler
Tel. 02252/46511

Hebammen

Deutschland
Bund freiberuflicher Hebammen Deutschlands e. V. (BfHD)
Cle Nuss-Troles
Geschäftsstelle:
Am alten Nordkanal 9
41748 Viersen
Tel. / Fax 02162 / 352149

Bund Deutscher Hebammen e. V. (BDH)
Geschäftsstelle:
Postfach 1724
76006 Karlsruhe
Tel. 0721 / 981890
Fax 0721 / 988920

Schweiz
Schweizerischer Hebammenverband
Zentralsekretariat
Flurstr. 26
3000 Bern 22

Österreich
Hebammenzentrum (Verein freier Hebammen)
Lazarettgasse 6, Stiege 2, Tür 1
1090 Wien
Tel. 0222 / 4088022

Österreichisches Hebammengremium
Präsidentin: Renate Grossbichler
Postfach 584
1061 Wien
Tel. / Fax 0222 / 5971404

Allergien und Ernährung

Deutschland
Arbeitsgemeinschaft Allergiekrankes Kind e. V. (AAK)
Hilfen für Kinder mit Asthma, Ekzemen und Heuschnupfen
Hauptstr. 29
35745 Herborn
Tel. 02772/41237 oder 92870

Forschungsinstitut für Kinderernährung Dortmund
Heinstück 11
44225 Dortmund
(hat ein Faltblatt zum Thema Stillen und Allergien herausgebracht)

Auswertungs- und Informationsdienst für Ernährung, Landwirtschaft und Forsten e. V. (AID)
Konstantinstr. 124
53179 Bonn
Tel. 0228/84990
(verschickt zum Teil kostenlose Faltblätter zur Lebensmittelkunde und zu Ernährungsthemen)

Deutsche Gesellschaft für Ernährung (DGE)
Feldbergstr. 28
60323 Frankfurt/Main

Schweiz
Schweizerische Vereinigung für Ernährung
Effingerstr. 2
Postfach
3001 Bern

Lesetips

Wir geben Ihnen eine kleine persönliche Auswahl. Natürlich gibt es noch viele andere gute Bücher zu den folgenden Themen.

Stillzeit und Ernährung

Brehmer, Gisela: Aus der Praxis einer Kinderärztin
Reinbek, 1988 (rororo 8388)
Daas, Beate / Ludwig, Britta: Was mein Baby essen soll
Reinbek, 1995 (rororo 9592)
Dahler, Frieda: Die Ernährung in der Schwangerschaft und in der Stillzeit – Die Ernährung des Säuglings
Bern, 1995
Hilsberg, Regina: Stillen – das Beste für Ihr Baby
Reinbek, 1996 (rororo 60288)
La Leche Liga, Handbuch für die stillende Mutter
Selbstverlag, 1986
Lothrop, Hannah: Das Stillbuch
München, 1995
Mähler, Bettina / Osenbrügge, Karin: Die ersten Wochen mit dem Baby
Reinbek, 1995 (rororo 9755)
Öko Test, Ratgeber für Kleinkinder
Reinbek, 1994 (rororo 8518)
Schneider, Regine: Oh Baby…,
Das hatte ich mir anders vorgestellt: Erfahrungen von Frauen beim ersten Kind
München, 1995
Stadelmann, Ingeborg: Die Hebammensprechstunde
Selbstverlag, 1994 (Adresse: A. d. Schmiede 1, 87487 Ermengerst)

Ernährung und Kochbücher

Birk, von Eichborn, Kurz, Rittinger: Das große GU Vollwert Kochbuch
München, 1994

Buhmann, Carine: Beiß nicht gleich in jeden Apfel
700 Tips zur gesunden Ernährung
Reinbek, 1996 (rororo 9781)

Elmadfa, Aign, Fritzsche: GU Kompaß Nährwerte 1996 / 97
München, 1996

Oesting, Helmut: Der Geist über den Tellern
Inszenierte Mahlzeiten
Kiel 1992
Für alle, die Kochen zelebrieren und Essen inszenieren möchten. Außerdem ein tolles Lesebuch.

Lesebücher

Reinikens, Leonard: Die kulinarischen Abenteuer des Fra Bartolo
Weil der Stadt, 1987

Robbins, Tom: Pan Aroma
Reinbek, 1996 (rororo 5671)
Ein wunderbar verrücktes Buch, für alle, die ihr Verhältnis zu rote Bete verbessern wollen.

Simmel, Johannes Mario: Es muß nicht immer Kaviar sein
München, 1979

Timm, Uwe: Die Entdeckung der Currywurst
Köln, 1993

Timm, Uwe: Johannisnacht
Köln, 1996
Über die Kartoffel. Köstlich!

Register der Rezepte

mit kindern leben

Schwangerschaft, Geburt und die ersten Lebensjahre.

Ines Albrecht-Engel (Hg.)
Geburtsvorbereitung
Handbuch für werdende Mütter und Väter. Empfohlen von der Gesellschaft für Geburtsvorbereitung
(rororo sachbuch 9392)
Wo bringe ich unser Kind zur Welt? *Geburtshaus, Klinik, zu Hause: Vorteile und Risiken*
(rororo sachbuch 60200)

Claudia Bruder
Babys natürlich wickeln
Alternativen zur luftdichten Verpackung
(rororo sachbuch 9903)

Hermann Bullinger
Wenn Paare Eltern werden
Die Beziehung zwischen Frau und Mann nach der Geburt des Kindes
(rororo sachbuch 8096)

Beate Daas / Britta Ludwig
Was mein Baby essen soll
Gesunde Ernährung für Säuglinge und Kleinkinder
(rororo sachbuch 9592)

Irene Dalichow
Sanfte Massagen für Babys, Kinder und Eltern *Liebe, die durch die Haut geht*
(rororo sachbuch 8597)

Sabine Friedrich / Volker Friebel
Einschlafen, Durchschlafen, Ausschlafen *Ruhigere Nächte für Eltern und Kinder*
(rororo sachbuch 9397)

Rita Haberkorn
Zwillinge *Was Eltern und Pädagogen wissen müssen*
(rororo sachbuch 9998)

Regina Hilsberg
Schwangerschaft, Geburt und erstes Lebensjahr *Ein Begleiter für werdende Eltern*
(rororo sachbuch 8519)

Bettina Mähler/ Karin Osenbrügge
Die ersten Wochen mit dem Baby
(rororo sachbuch 8766)

Andreas Ott
Risiko Plötzlicher Säuglingstod
Empfehlungen zur Vorbeugung
(rororo sachbuch 9726)

Petra Otto
Die Lust neu entdecken *Sex in der Schwangerschaft und nach der Geburt*
(rororo sachbuch 60150)

Jürgen Steidinger / Klaus J. Uthicke
Frühgeborene *Von Babys, die nicht warten können*
(rororo sachbuch 8504)

Ein Gesamtverzeichnis aller lieferbaren Titel der Reihe *mit kindern leben* finden Sie in der *Rowohlt Revue*. Jedes Vierteljahr neu. Kostenlos. In Ihrer Buchhandlung.

rororo sachbuch

3640/1

mit kindern leben

Ratgeber für den Umgang mit Kindern im Alltag – Praktische Tips, Ideen, Anregungen.

Caren Adams / Jennifer Fay
Ohne falsche Scham *Wie Sie Ihr Kind vor sexuellenm Mißbrauch schützen können*
(rororo sachbuch 8498)

Tobias Brocher
Wenn Kinder trauern *Wie Eltern helfen können*
(rororo sachbuch 7950)

Sabine Friedrich / Volker Friebel
Trau dich doch! *Wie Kinder Schüchternheit und Angst überwinden*
(rororo sachbuch 9729)

Regina Hilsberg
"Meine Suppe eß ich nicht!" *Kultur und Chaos am Familientisch*
(rororo sachbuch 9901)

Hans H. Hopf
Kinderträume verstehen
(rororo sachbuch 9139)

Deborah Jackson
Drei in einem Bett *Schlafen mit Kind*
(rororo sachbuch 8766)

Heidi Kaiser
So sag ich's meinem Kinde *Zärtlichkeit und Schmusen, Liebe und Sexualität*
(rororo sachbuch 8750)

Anna Kettner / Egbert Haug-Zapp
Das Kindergartenbuch *Was Eltern wissen müssen*
(rororo sachbuch 8790)

rororo sachbuch

Dorothee Kraus-Prause / Jobst Kraus / Eva Nonnenmacher
Lexikon Erziehung *Grundbegriffe zu Entwicklung, Familie und Schule*
(rororo sachbuch 9727)

Bettina Mähler
Geschwister *Krach und Harmonie im Kinderzimmer*
(rororo sachbuch 9316)

Heidi Mühle (Hg.)
Wenn Kinder nach Gott fragen
(rororo sachbuch 9561)

Cornelia Nitsch
Das Tröstebuch *Geschichten, Verse, Spiele: die besten Heilmittel gegen Kummer*
(rororo sachbuch 9902)

Dorothea und Herbert Renz-Polster
Radfahren mit Kindern *Vom Fahrradkauf bis zur Tourenplanung*
(rororo sachbuch 9598)

3640/1b

mit kindern leben

Ratgeber für den Umgang mit Kindern im Alltag – Entwicklung, Gesundheit, Alternative Heilmethoden.

Gisela Brehmer
Aus der Praxis einer Kinderärztin *Entwicklung – Vollwert-Ernährung – Erste Hilfe im akuten Krankheitsfall – Alternative Heilmethoden*
(rororo sachbuch 8388)

Gela Brüggebors
Körperspiele für die Seele
312mal Bewegung, Entspannung, Energie, Anregung zur Psychosomatik
(rororo sachbuch 8526)

Peter J. Fischer
Allergien bei Kindern und Jugendlichen *Vorbeugen, erkennen, heilen*
(rororo sachbuch 60206)

Sabine Friedrich / Volker Friebel
Entspannung für Kinder
Übungen zur Konzentration und gegen Ängste
(rororo sachbuch 9397)

Tilo Grüttner
Helfen bei Legasthenie
Verstehen und üben. Geschichten
(rororo sachbuch 8326)

Bettina Hannsz
Kinder mögen Yoga *Entspannung für Körper und Seele*
(rororo sachbuch 9130)

Hans-Dieter Kempf / Jürgen Fischer
Rückenschule für Kinder
Haltungsschwächen korrigieren, Haltungsschäden vorbeugen
(rororo sachbuch 9338)

rororo sachbuch

Walter Köster
Kranke Kinder homöopathisch heilen *Erfahrungen und Rezepte eines praktischen Arztes*
(rororo sachbuch 60151)

Petra Lange
Hausmittel für Kinder *Naturgemäß vorbeugen und heilen*
(rororo sachbuch 8384)

Manfred Link / Emil Wieczorek
Psychische Störungen bei Kindern *Verstehen und helfen*
(rororo sachbuch 9537)

Christian Mohr
Neurodermitis-Kinder *Den Alltag meistern*
(rororo sachbuch 9539)

R. Voß / R. Wirtz
Keine Pillen für den Zappelphilipp *Alternativen im Umgang mit unruhigen Kindern*
(rororo sachbuch 8431)

mit kindern leben

Praktische Tips, Ideen, Ratschläge – Anregungen für den Umgang mit Kindern in der Freizeit.

Helga Biebricher
Scherzfragen, Rätsel, Schüttelreime *Vergessenes und Neues zur Unterhaltung*
(rororo sachbuch 7662)

Jorgos Canacakis / Gerd Haehnel / Georg Sauerland u. a.
Wir spielen mit unseren Schatten *Vorschläge für Familie, Freizeit, Schule und Therapie*
(rororo sachbuch 7960)

Barbara Cratzius
Noch mehr Fingerspiele und andere Kinkerlitzchen *Eine Wundertüte für neue Spiellust mit kleinen Kindern*
(rororo sachbuch 8574)
Allererste Kinderrätsel
Denkspaß für Eltern und Kinder
(rororo sachbuch 9143)

Sharla Feldscher
Das Spiel- und Aktionsbuch
Spaß für Kinder, Eltern, Pädagogen
(rororo sachbuch 8867)

Uli Geißler
Achtung Aufnahme! *100 Spiele für Kassettenrekorder und Kamera*
(rororo sachbuch 9582)

Wolfgang Hering
Bewegungslieder für Kinder
Spiele und Musik von 2–5
(rororo sachbuch 9681)

Klaus W. Hoffmann
Der Liederladen *Ohrwürmer, Evergreens und neue Hits*
(rororo sachbuch 9306)

rororo sachbuch

Klaus W. Hoffmann
Heidi Kaiser (Hg.)
Spiele und Lieder zum Kuscheln und Kosen
(rororo sachbuch 9507)

Kristina Hoffmann-Pieper
Basteln zum Nulltarif *Spiel und Spaß mit Haushaltsdingen*
(rororo sachbuch 7955)

Bettina Mähler / Heinrich Kreiblich
Bücherwürmer und Leseratten
Wie Kinder Spaß am Lesen finden
(rororo sachbuch 9676)

Beate Seeßlen-Hurler
Kinderfeste *Vorschläge für den Feierspaß von groß und klein*
(rororo sachbuch 8302)

Emil und Octavia Wieczorek
Hundertmal Spaß *Spiele für alle Kinder und Anlässe*
(rororo sachbuch 9904)